# Räuchern & Grillen von Fischen

Genaue Anleitungen · Anregungen · Tipps

Weltbild

Genehmigte Lizenzausgabe für Verlagsgruppe Weltbild GmbH,
Steinerne Furt, 86167 Augsburg

Herausgeber: Richard Lütticken
Redaktion: Jörg Strehlow, Stefanie Rodzis
Layout: Klaus Kuisys
Umschlaggestaltung: Atelier Lehmacher, Friedberg (Bay.)
Umschlagmotiv: StockFood
Gesamtherstellung: Neografia, a.s. printing house,
Škultétyho 1, SK-03655 Martin
Printed in Slovakia

ISBN 3-8289-1703-8

2006 2005
Die letzte Jahreszahl gibt die aktuelle Lizenzausgabe an.

# INHALT

Foto: JSTR

Räuchern ist ein Ereignis. Wenn Aale (Seite 32), Forellen (Seite 40) oder Karpfen (Seite 44) auf den Tisch kommen, kündigt sich der Besuch von ganz alleine an!

Foto: H. Hansen

Kalt geräucherte Lachse, Meerforellen und Karpfen sind ein Gedicht. Damit Sie die Angst vorm Kalträuchern verlieren, gibt's ab Seite 52 eine einfache Einweisung.

Foto: JSTR

Gegrillter Fisch schmeckt nach Sommer und Freiheit. Ab Seite 62 erfahren Sie, wie man zu Hause und am Wasser saftigen Grillfisch zubereitet.

**Liebe Leser,**

*Dichter, würziger Rauch verzieht sich und macht Platz für das Schönste, was einem Fisch passieren kann: zum goldgelben Räucherfisch zu werden!*
*Und jeder, der sich mit dem Räuchern beschäftigt, hat den „einzig richtigen Weg" zum Vergolden gefunden: Sei es Dr. Peter Wondrak, der nur über Holzscheiten aus Buchenholz räuchert. Oder Bernhard Feldmann, der nur Räuchermehl mit einer eigenen Gewürzmischung verwendet, das er ganz pfiffig mit Bierdeckeln entzündet. Oder José Martins, der seine Fische noch am Wasser im Tisch-Räucherofen gart. Oder der Mann, der die Fische für seine Füssener Vereinskollegen „alle auf einen Streich" räuchert. Auch unser Fotograf Heinz Jagusch, der Brassen in Goldbarren verwandelt und die Profis aus der Hamburger Feinräucherei Friedrichs, die Aale mit den modernsten Mitteln der Technik zu einem heiß begehrten Lebensmittel machen.*
*Sie alle gehen den einzig richtigen Weg - und räuchern einfach!*
*In diesem Sinne,*

*Ihr*

**Jörg Strehlow**

# Jede Menge Leckerbissen

**Aal:** Der Klassiker! Aale werden hoch gehandelt und ausschließlich heiß geräuchert verzehrt. Ihr fettes, grätenarmes Fleisch ist ein toller Geschmacksträger für den würzigen Rauch. Am besten schmecken Aale bis etwa ein Pfund und Spitzkopfaale aller Größen. Große Raubaale sind häufig zu fett.
Räucher-Qualität: **hervorragend.**
Grill-Qualität: **sehr gut**

Fotos (2): JSTR

Saftig, lecker, gut - der Aal

**Regenbogenforelle:** Einer der beliebtesten Räucherfische. Portionsforellen bis etwa 40 Zentimeter werden im Ganzen heiß geräuchert. Bei großen Fischen lohnt sich das Kalträuchern der Filets.
Große Qualitätsunterschiede zwischen Zuchtfischen und Wildwuchs-Fischen.
Räucher-Qualität: **befriedigend bis sehr gut, je nach Herkunft.**
Grill-Qualität: **gut**

Geräucherte Forellen sind eine hoch gehandelte Köstlichkeit, wenn sie aus einem natürlichen Gewässer sind.

**Bachforelle:** Wunderbar festes und grätenarmes Fleisch! Als Zuchtfisch häufig der Regenbogenforelle überlegen. Portionsfische werden im Stück heiß geräuchert, das Filet kapitaler Forellen kann gut kalt geräuchert werden.
Räucher-Qualität: **gut bis sehr gut, je nach Herkunft.**
Grill-Qualität: **sehr gut**

**Renke/Maräne:** Herausragender Räucherfisch mit zartem, grätenarmen Fleisch. Wird als ganzer Fisch heiß geräuchert.
Räucher-Qualität: **hervorragend.**
Grill-Qualität: **sehr gut**

**Saibling:** In allen Variationen einer der besten Speisefische überhaupt. Als heiß geräucherter Portionsfisch ist er angesichts der delikaten, kalt geräucherten Filets schon fast zu schade!
Räucher-Qualität: **hervorragend**
Grill-Qualität: **hervorragend**

**Äsche:** Wenn man den edlen Salmoniden mal bekommt, wird er meist aufwendig gekocht oder gebraten. Der edle Eigengeschmack der Äsche wird durch das Räuchern zwar übertönt. Dennoch ist eine heiß geräucherte Äsche ein Gedicht!
Räucher-Qualität: **sehr gut**
Grill-Qualität: **sehr gut**

**Zander:** Zander schmeckt immer! Egal wie man ihn zubereitet. Das Räuchern ist besonders für kleinere Fische am Stück geeignet. Filets oder Fischstücke werden zwar recht trocken, Feinschmecker schwören aber auf die mageren, festen Filets heiß geräucherter Zander.
Räucher-Qualität: **gut**
Grill-Qualität: **hervorragend**

Foto: W. Hauer

Prächtig gewachsene Regenbogenforelle - da lohnt sich das Räuchern!

Vom Grill ein Hit - der Zander.

**Barsch:** Für ihn gilt das gleiche wie für den Zander. Festes, grätenarmes Fleisch und am Stück heiß geräuchert zu empfehlen.
Räucher-Qualität: **gut**
Grill-Qualität: **sehr gut**

**Wels:** Heiß geräucherte Wels-Stücke und Filets sind eine Delikatesse. Allerdings darf der Räuber nicht zu groß sein, da sein Fleisch sonst sehr fett ist und leicht tranig schmeckt. Ideal sind

Räucherfisch bereichert jeden Tisch – ob heiß als üppiges Hauptgericht, kalt als edler Happen oder als pfiffige Kreation mit verschiedenen Beilagen. Und dabei ist es ziemlich egal, was gerade an unserem Haken zappelt: Fast jeder Fisch ist ein Räucherfisch! Und auch auf dem Grill macht der Großteil unserer Beute eine gute Figur.

Fotos (2): O. Portrat

**Auch der Wels ist Räucherfisch!**

Fische bis ein Meter Länge.
Räucher-Qualität: **gut**
Grill-Qualität: **befriedigend**

**Hecht:** Kalt geräucherte Hecht-Filets werden mancherorts als Delikatesse gehandelt. Aber auch das Räuchern mit heißem Rauch veredelt den etwas strengen Hecht-Geschmack angenehm. Kleinere Fische bis drei Kilo sind größeren vorzuziehen.
Räucher-Qualität: **befriedigend**
Grill-Qualität: **befriedigend**

**Brassen:** Man glaubt es kaum, aber aus dem heißen Rauch kommen große Brassen ab zwei Kilo Gewicht als goldene Leckerbissen! Das fette Fleisch hat einen ausgezeichneten Geschmack und nimmt den Rauch perfekt an.
Räucher-Qualität: **sehr gut**
Grill-Qualität: **ausreichend**

**Karpfen:** Im Fränkischen ist der Karpfen der mit Abstand begehrteste Räucherfisch. Das kernige Fleisch kleinerer Fische kommt herzhaft aus dem heißen Rauch. Auch kalt geräuchert schmecken die Filets großer Karpfen sehr interessant (Karpfenschinken).
Räucher-Qualität: **sehr gut**
Grill-Qualität: **befriedigend**

**Sterlet:** Der störartige Fisch wird mit Erfolg gezüchtet und kommt in einigen Gewässern vereinzelt vor. Kalt geräuchert ist Störfleisch in Russland eine hoch gehandelte Delikatesse. Auch das fette Fleisch des Sterlets ist perfekt für beide Räucher-Varianten geeignet.
Räucher-Qualität: **hervorragend**
Grill-Qualität: **sehr gut**

**Quappe:** Der dorschartige Süßwasserfisch schmeckt immer! Heiß geräuchert sind Quappen aller Größen eine Gaumenfreude.
Räucher-Qualität: **sehr gut**
Grill-Qualität: **sehr gut**

**Lachs:** Wildlachs ist die Räucher-Delikatesse schlechthin. Auch Ostseelachs ist trotz seines weißen und sehr fetten Fleisches ein Räucher-Leckerbissen, egal ob heiß oder kalt.

Foto: JPH

**Ausgerechnet Brassen räuchern? Sie werden sich Ihre Finger lecken!**

**Kaltgeräucherter Lachs: Hmmm!**

Abstriche muss man bei Farmlachsen machen.
Räucher-Qualität: **gut bis hervorragend, je nach Herkunft**
Grill-Qualität: **sehr gut**

**Meerforelle:** Dem Lachs mehr als ebenbürtig und ebenfalls fürs Räuchern mit kaltem und heißem Rauch geeignet.
Räucher-Qualität: **hervorragend**
Grill-Qualität: **sehr gut**

**Dorsch:** Als Räucherfisch wegen des mageren Fleisches nicht so populär. Heiß geräucherte kleine Dorsche schmecken jedoch saftig und lecker. Stücke und Filets größerer Dorsche sind ein wenig trocken.
Räucher-Qualität: **gut**
Grill-Qualität: **sehr gut**

**Plattfische:** Flundern und Schollen schmecken, trotz ihres extrem mageren Fleisches, am Stück in heißem Rauch gegart sehr lecker. Der Heilbutt ist ein Räucher-Klassiker.
Räucher-Qualität: **gut bis hervorragend**
Grill-Qualität: **gut**

**Hering:** Der kleine Seefisch ist der Kultfisch unter Räucher-Fans. Heiß geräuchert ist er als „Bückling" ein Klassiker, kalt geräuchert bekommt man ihn als herzhaften und bissfesten „Lachshering".
Räucher-Qualität: **hervorragend**
Grill-Qualität: **sehr gut**

**Makrele:** Der saftigste und fetteste Räucherfisch, der uns an die Angel gehen kann. Frische Makrelen, nur mit Salz gewürzt, schmecken aus dem heißen Rauch unvergleichlich lecker. Meistens werden sie am Stück geräuchert, aber auch die Filets (Pfeffermakrele) sind gut zu vergolden.
Räucher-Qualität: **hervorragend**
Grill-Qualität: **hervorragend**

Foto: G. Alexander

**Makrele wird heiß geräuchert.**

**Wittling:** Als Beute wegen der häufig kleinen Exemplare nicht sehr beliebt. Doch der Räucher-Fan sollte umdenken: Aus dem heißen Rauch, am Stück geräuchert, ist der Wittling ein saftiger, zarter Spitzenfisch!
Räucher-Qualität: **sehr gut**
Grill-Qualität **sehr gut**

**Hornhecht:** Der lange Lulatsch mit den vielen grasgrünen Gräten ist zwar ein wenig trocken im Fleisch. Heiß geräuchert schmeckt er aber vorzüglich!
Räucher-Qualität: **gut**
Grill-Qualität: **gut**

# Eine rauchige Geschichte

Kommerzielle Räuchereien vergolden täglich zentnerweise Fisch. Gleichzeitig qualmen in den Vorgärten der Angler die Räucheröfen. Doch der „Räucher-Boom" begann quasi schon mit der Entdeckung des Feuers!

Wer glaubt, Schillerlocken, Bückling und Räucheraal seien Erfindungen unseres Zeitalters, der irrt gewaltig. Das Räuchern ist neben Trocknen und Einsalzen das älteste Konservierungsverfahren der Menschheitsgeschichte. Fisch gab es offenbar überreichlich, und wenn man nach der Größe der ausgegrabenen Angelhaken und Harpunen gehen kann, waren die Schuppenträger gewiss nicht gerade untermäßig. Das Haltbarmachen der leicht verderblichen Kost stellte die Lebensmittelbranche von „Anno Dazumal" allerdings vor erhebliche Probleme.

Die alten Ägypter hatten die Sache schnell im Griff: Sie machten sich ihre einschlägige Erfahrung aus der Mumien-Behandlung zunutze. In einem komplizierten Verfahren wurden die Fische aus dem Nil erst gesalzen und dann in der heißen Wüstensonne schnell getrocknet.

## Weißes Gold

Das Einlegen von Fisch und Fleisch in Salzlake hatte in allen Kulturen eine große Bedeutung. Salz allerdings war kostbar und durfte nicht im Überfluss der Lake zugesetzt werden. Der Römer Cato erkannte die Verschwendung und erfand den Trick mit dem Ei: Er ließ ein rohes Ei in den mit Wasser gefüllten Behälter sinken. Dann fügte er so

**Leckere, frisch geräucherte Heringe – wie gut, dass unsere Urahnen bereits das Handwerk des Räucherns für uns entwickelt haben. Geändert hat sich seitdem kaum etwas.**

Foto: O. V.

Fotos (4): CWSL

Mit Stockfisch (hier auf den Lofoten) wurde einst ein reger Handel betrieben. Meistens handelte es sich dabei um Kabeljau, der an der Luft getrocknet und somit konserviert wurde.

Fotos (2): R. Schmidt

lange Salz hinzu, bis das Ei schwamm. Die Messinstrumente, die heute dem Fleischer zeigen, wann die Salzkonzentration seiner Pökelflüssigkeit stimmt, beruhen auf dem gleichen Prinzip.
Bis ins Mittelalter wurde Salz hoch gehandelt. Wie hoch, sieht man in der Lüneburger Heide. Mühsam wurden die Salzstücke unter dem ehedem urwaldartigen Waldgebiet abgebaut und mit Pferdewagen und Lastkähnen in die Hansestadt Lübeck geschafft. Dort verschwand das „weiße Gold" in den Heringsfässern. Die legendären Hansekoggen verfrachteten die beliebte Fastenspeise dann bis nach Spanien. Karl der V., einer der größten Herrscher seiner Zeit, war vom Salzhering so begeistert, dass er dem Grab des „Erfinders" der Heringslake einen Besuch abstattete. Der arme Fischer Bökels hat von seiner Entdeckung wenig gehabt, er legte aber den Grundstein für den Reichtum und die Handelsmacht von Holland. Amsterdam wurde buchstäblich

„aus Heringsgräten gebaut".
Etwa um die gleiche Zeit wie die Heringsbottiche tauchte eine andere „Fischkonserve" auf den Märkten des Binnenlandes auf: der Stockfisch. Diese Alternative setzte allerdings gewisse Kochkennt-

Räuchern ist des Anglers große Leidenschaft. Die Räucheröfen qualmen meist in Vorgärten und sogar auf Balkonen.

Forellen aus dem Rauch gehören heute zu den beliebtesten Fischgerichten.

nisse voraus. So rät ein Pariser Kaufmann des 14. Jahrhunderts seiner Kundschaft, einen 12 (!) Jahre alten Stockfisch vor dem Verzehr eine Nacht lang zu wässern und dann so lange mit dem Schmiedehammer zu bearbeiten, bis er weich ist. Wie lange auf den aus England importierten, steinharten Kabeljaus herumgeprügelt werden musste, kann man daran erkennen, dass sie im Volksmund „Meeresel" genannt wurden.

Genau wie der Salzhering ist der Stockfisch heute keineswegs ausgestorben. Als „lutefisk" gehört er in Schweden zum Weihnachts-Menü, und Spanier und Portugiesen wissen aus dem „bacalao" wahre kulinarische Genüsse zu zaubern. Norwegen allein exportiert etwa 40.000 Tonnen Stockfisch jährlich bis nach Südamerika.

## Unbekannter Räucher-Guru

Der Erfinder des Räucherfisches ist unbekannt und wird es wohl auch bleiben. Zeitlich kann man ihn etwa zwischen die Entdeckung des Feuers und der Erfindung des Wagenrades einordnen. Zufällig wird ein fellgekleideter Pfiffikus seine Fische am qualmenden Feuer seiner verräucherten Höhle vergessen haben. Wahrscheinlich war er sehr erstaunt, als bei seiner Rückkehr die steinzeitlichen Fliegenmaden noch nicht ganze Arbeit geleistet hatten, kostete und der „Bückling" war geboren. Knochenreste von Seefischen, die in großen Mengen in den Höhlen Mittel-Frankreichs gefunden wurden, beweisen, dass zwischen der Küstenregion und dem Inland bereits in der Altsteinzeit ein reger Fischhandel getrieben wurde. Da kaum anzunehmen ist, dass „Fred Feuerstein & Konsorten" schon die Gewinnung von Meersalz kannten, werden sie die Fische für den Transport geräuchert oder getrocknet haben. Ganz sicher sind sich Archäologen, dass die Fischer am irischen Fluss Bann bereits vor gut 4000 Jahren das Räuchern beherrschten. Der Fischbestand des Bann ist auch heute noch erstklassig – wie müssen dort erst in der Jungsteinzeit die Öfen gequalmt haben!

Über 1000 Jahre lang räucherten die Bewohner der nordeuropäischen Küsten ihre Lachse und Heringe still vor sich hin. Dann war der Qualm offenbar bis nach Griechenland und Rom gedrungen. Die Schlemmer in den Togas machten sich bei ihren Nachbarn mit der Räucherei offenbar nicht sonderlich beliebt. Zahlreiche überlieferte Gerichtsurteile stellen nachdrücklich fest, dass „nur dort geräuchert werden darf, wo andere Bürger nicht durch den Rauch belästigt werden". Eine Rechts-

Grobe Buchenholzspäne sind das ideale Rauch- und Hitzemittel für leckeren Räucherfisch.

Aale aus der einfachen Räuchertonne.

Fotos (2): BLINKER

**Einfacher geht es nicht: In kompakten Tisch-Räucheröfen gelingen alle Fische im Handumdrehen!**

**Manche bevorzugen die aufwändige Variante: Hier sehen Sie einen Pracht-Räucherofen, der liebevoll (und zeitaufwändig!) gemauert wurde.**

sprechung, die durchaus aus dem Sitzungssaal eines deutschen Amtsgerichtes stammen könnte!

## Karpfen im Schornstein

Mit der Ausbreitung des Christentums bekam das Räuchern von Fisch eine ganz andere Bedeutung: Hungrige Mönche, die während der Fastenzeiten kein Fleisch essen durften, begannen mit der Karpfenzucht und legten weiträumige Teichanlagen an. Nach dem Abfischen kamen die halbierten „Teichschweine" ein paar Wochen lang zu den Speckseiten in den Schornstein der klösterlichen Küche. Dieses „Darren" der stark gepökelten Karpfenhälften wird auch heute noch an den großen Seen Jugoslawiens praktiziert. So ein „Karpfenschinken" ist zwar zäh wie Elefantenhaut und ziemlich salzig, hält sich bei kühler Lagerung aber monatelang. Das Kalträuchern wurde auch angewandt, wenn es den Papst in Rom nach Donau-Stör gelüstete: Zusätzlich zum Fässchen Kaviar wurden dem Heiligen Vater ein paar Zentner „Dörrhauß" für seinen Stab mitgeliefert. Mit dem heute so begehrten Räucherlachs hätte man Rom nicht kommen dürfen. Der Lachs war damals ein Allerweltsfisch und wurde von besseren Leuten nur als „Frischaufsteiger" auf den Tisch gebracht. Gepökelt oder „an den Tisch gehängt" war der Fisch allenfalls für das Gesinde gut genug. Heißgeräucherte Edelfische allerdings waren wegen ihrer geringen Haltbarkeit im Mittelalter für den Normalbürger fast unbezahlbar. Dem Schweizer Fischforscher Conrad Gesner fiel das 1560 auf. Über die leckeren „Blaulinge" (Felchen des Bodensees) brachte er folgendes zu Papier: „Man pflegt sie auch einzusalzen/in andere Ort und ins weite Land zu schicken. Sie werden auch in Rauch gedörrt/und werden also Fürsten und Herren für getragen." Auch geräucherte Forellen und Äschen fanden Gnade vor den hohen Herren, wahrscheinlich, weil sie sich auf den mit Wachtelbrüstchen, Kalbsköpfen, Krebsen und sonstigen Leckereien überladenen Tafeln optisch gut machten.

## Die „Hechtreißer" von der Oder

Schludern aber konnte man als mittelalterlicher Räuchermeister nicht. So zieht sich der Fischer zu Wallenfels 1497 einen Tadel zu, weil er zwei Schock „nicht recht gederrte voreln" an das Amt Kronach geliefert hat. Die Karriere des Wallenfelser Fischers war damit mit Sicherheit beendet. Als Mitglied einer Fischhändlerzunft wäre ihm das nicht passiert, denn vielerorts war nur dieser Lobby der Verkauf von Fischwaren erlaubt. Eine der bekanntesten Zünfte war die „Hechtreißerzunft", die sich durch den Versand von „Hechtkonserven" aus dem Oder-Gebiet einen Namen machte. Die Massenfänge

Räuchern im zünftigen Heringsfass. Die Hochseefischer waren Meister im Räuchern.

wurden geräuchert oder als „Bökel- oder Tonnenhecht" in die katholischen Länder verschickt. Der Name ist ganz einfach zu erklären: Damals gab es so viele Hechte, dass man nicht umständlich mit dem Messer arbeiten konnte. Die Fische wurden mit der Hand aufgerissen und ausgenommen.
Heute sind die Profis jedoch noch schneller. Die Fischräucherei ist ein industrieller Vorgang geworden, der sich der neuesten Erkenntnisse aus der Elektronik bedient. Wenn die Heringe, Dorsche und Makrelen aus Grönland und Kanada bei uns angelandet werden, geht's Ruck-Zuck. Raus aus dem Schiff, rein in die Fabrik. Was früher in eigens dafür konstruierten Öfen und Türmen Stunden dauerte, klappt heute in Sekunden. Der Rauch wird elektrisch aufgeladen und auf das Räuchergut „geschossen". Der aromatische Geschmack und die appetitanregende, goldgelbe Farbe des Naturrauchs wird verblüffend echt mit chemischen Mitteln nachgeahmt. Schon 24 Stunden später liegen Wilhelmshavener Makrelen auf dem Markt von Konstanz. Rotlicht und Olivenöl machen die Illusion perfekt. Und „Ollie" vom Fischwagen verschleudert dann gleich „Vier auf'n Zehner" – alles frisch aus dem Rauch... Wen es gelüstet, so richtig nach Art der Fürsten zu schwelgen, der sollte sich ein Bund Erlenholz besorgen und den Räucherofen selbst anwerfen. Wenn es so richtig qualmt, können sich wie im alten Athen die Nachbarn zusammenrotten. Reichen die den Nörglern mal ruhig eine rauchwarme Makrele über den Gartenzaun. Sie werden überrascht sein, wie schnell sich der Ärger legt.

Foto: BLINKER

Räucherholz (hier Buche) sollte vor dem Räuchern gut abgelagert werden.

Hoch gehandelte Ostsee-Blankaale aus der Hamburger Fischräucherei Friedrichs, vor dem Versand in alle Welt.

# Klassiker und neue Leckerbissen

Aale und Forellen sind klassische Fische für die Räuchertonne des Anglers. Kenner wissen jedoch, dass vergoldete Brassen und Äschen ebenfalls äußerst delikat schmecken.

Kleine Dorsche sind, am Stück im heißen Rauch gegart, eine saftige Delikatesse.

Foto: K. Walter

Forellen, frisch aus dem Rauch: Da muss selbst der geübte Räuchermeister erst mal naschen!

Foto: BLINKER

Schon beim Gedanken an einen frischen Räucheraal läuft jedem das Wasser im Munde zusammen. Leider wird der Käufer, der einen Räucheraal im Geschäft oder auf dem Wochenmarkt kauft, sehr oft enttäuscht sein. Der Grund ist stets darin zu suchen, dass man nur in Ausnahmefällen wirklich frischen Aal bekommt.

Mein Onkel, ein alter Fischdampferkapitän, hatte naturgemäß einen besonders guten Blick für alte Aale. Immer wenn wir einen nicht ganz frischen Aal auf dem Fischmarkt zu sehen bekamen, erkannte er ihn traumhaft sicher. Wenn der Aal gar schon faltig war, rief er stets deutlich vernehmbar (auch für den Verkäufer!): „Den Aal kauf' nicht mein Jung! Der hat ja schon Dauerwellen!" Diesen Ärger können Sie sich vom Halse halten, wenn Sie Aale selbst räuchern. Sehr gut eignen sich Spitzkopfaale im Gewicht zwischen 200 bis 500 Gramm. Dabei sollten Sie bedenken, dass vor allem Aale aus Moorgewässern besser vorher in klarem Wasser "ausgenüchtert" werden sollten, damit der moorige Geschmack verschwindet. Da wir Angler nur selten einen ganzen Räucherofen voll Aal fangen, sparen sich viele Sportfreunde ihre Aale in der Kühltruhe zusammen. Da jedoch nichts über frischen Aal geht, habe ich einen Vorschlag: Fischen Sie mit mehreren Sportfreunden gemeinsam auf Aal und legen sie dann den Fang zusammen. Eine geräumige Regentonne mit einer kleinen Sauerstoffpumpe erlaubt Ihnen auch das Ansammeln einer größeren Menge Frisch-Aal. Vorteil: Dem spannenden Angeln folgt so das gemütliche Beisammensein, von dem auch die Anglerfrauen etwas haben. Und je öfter wir unsere Frauen mit Geräuchertem verwöhnen, um so eher sind sie auch bereit, unsere nächtlichen Aalsitzungen zu tolerieren.

Gleich nach dem Aal folgt die Forelle auf der Liste der beliebtesten einheimischen Räucherfische. Sicher spielt dabei auch die Tatsache eine Rolle, dass heute die Regenbogenforelle durch die Forellenseen weit verbreitet ist.

Ich kenne viele gute und erfahrene Angler, die zwar in der Regel nie an Forellenseen fischen, einmal im Jahr dort aber richtig „zuschlagen". Diese Vorgehensweise hat sicher ihre Berechtigung, denn ein Fang von 20 Forellen am Stück wäre für ein Naturgewässer ein zu großer Aderlass. Außer der Regenbogenforelle ist auch die Bachforelle als Räucherfisch gut geeignet. Ich habe auch schon große Meerforellen geräuchert und war vom Geschmack sehr angetan. Noch besser mundet allerdings die Meerforelle oder die große Regenbogenforelle, wenn man sie kalt räuchert.

## Alle mögen Hering

Der Bückling ist nicht nur eine Geste der Ehrerbietung, sondern auch ein ganz leckerer Räucherfisch. Gemeint ist der Hering, von dessen Wohlgeschmack schon der eiserne Kanzler Bismarck zu berichten wusste.

Goldgelb geräucherte Heringe stehen in der Gunst der Käufer ganz oben, und doch sind selbstgeräucherte Fische immer noch eine Spur besser. Für uns Sportangler ist das Frühjahr die hohe Zeit für die Angelei auf den Hering. Wenn dann im März/April aus Kiel und Kappeln die Nachricht kommt „Der Hering ist da!", gibt es für viele Angler im Norden kein Halten mehr. Obwohl in punkto Drill und Beschaulichkeit nicht viel zu erwarten ist, sind die guten Stellen dicht mit Menschen besetzt, und jeder fängt mehr Heringe, als er selbst verwerten kann. Es ist deswegen ein netter Brauch, Nachbarn und Freunde mit kleinen Räuchergaben zu verwöhnen. Übrigens: Der kleine heringsähnliche Fisch, der in den Geschäften geräuchert angeboten wird, ist kein „Minihering", sondern die Sprotte.

## Makrelen bitte frisch!

Die Makrele ist wie der Hering ein Saisonfisch. Da man die Makrele nicht einfrieren sollte, hat man diesen schmackhaften Fisch nur im Sommer zur Verfügung. Achtung: Makrelen sollten Sie am besten sofort oder gleich am Tag nach dem Fang räuchern. Das Geheimnis des Wohlgeschmacks ist ihr relativ fetthaltiges Fleisch. Bei der Makrele kommt der Vorteil der eigenen Verarbeitung besonders zum Tragen: Selbstgefangene und frisch zubereitete Makrelen schmecken um Klassen besser als Fische aus dem Geschäft. Hier ist der Angler dem Berufsfischer einmal mehr überlegen.

## Schlemmer-Maränen

Beim Geschmack einer Maräne (auch Felchen oder Renke genannt) kommt der Gourmet ins Schwärmen. Auch der Schriftsteller (und Angler!) Siegfried Lenz lässt in seinem Buch „So zärtlich war Suleyken" seine Masuren öfter genießerisch eine Maräne verspeisen. Kürzlich sprach ich mit einem Freund, der einen guten Ruf als Feinschmecker besitzt, über geräucherte Maränen. Er berichtete mit verklärtem Blick, dass er bei deren Genuss „ausgeflippt" sei. Schwierig wird es beim Fang der Kostbarkeiten. Am besten gelingt der sportliche Fang mit der Hegene. Die Coregonen gibt es bei uns in einigen holsteinischen Seen und in den meisten tiefen Bergseen Bayerns. Auch einige Talsperren werden neuerdings mit dem leckeren Speißefisch besetzt.

## Glückliche Meeresangler

Von unseren Meeresfischen eignen sich auch der Dorsch, der Köhler sowie der Leng gut für die Verwertung als Räucherfisch. Allerdings ist das Fleisch etwas trocken. Sehr gut munden Plattfische wie zum Beispiel die Flunder. Leider ist der Dornhai bei uns in der Nordsee nicht mehr so häufig, dass Sportangler ihn regelmäßig fangen. So müssen wir uns die "Schillerlocken" (geräucherte Bauchlappen vom Dornhai) kaufen oder vom Angelurlaub in Norwegen mitbringen. Auch seltene Beifänge wie Aalmuttern und Meeräschen sind einen Versuch wert.

## Süßwasser-Leckereien

Prächtige Räucherfische aus dem Süßwasser sind die Äschen. Der besonders würzige Geschmack der Thymianduftenden ist unter Kennern bekannt. Aber auch der Brassen (über drei Pfund Lebendgewicht), der vielfach als Speisefisch geschmäht wird, gilt als großer Räucher-Leckerbissen. Dies ist für uns Angler natürlich besonders interessant, weil er eine leichte Beute ist. Nicht vergessen möchte ich auch die Schleie und den Karpfen sowie Barsch, Hecht und Zander, die ebenfalls für ein gutes Menü sorgen. Der passionierte Angler kann eigentlich nirgendwo um eine Chance verlegen sein, sich eine Räucher-Mahlzeit zu fangen.

*Bernd Kuleisa*

Foto: O. V.

**Über Aale müssen wir nicht reden: Wer das fette Fleisch mag, bekommt bei ihrem Anblick Glücksgefühle.**

Foto: Minsen

**Auch Barsche schmecken gut, wenn man sie am Stück heiß räuchert. Am besten sollte man sie warm verzehren, weil ihr mageres Fleisch nach dem Abkühlen sehr fest wird.**

# „Gold und Silber lieb

Welcher Angler möchte Forellen-Silber nicht zu Räucher-Gold veredeln? Am besten gleich am Wasser, knackfrisch und lecker-würzig. Die Ideal-Lösung für dieses spontane Vorhaben ist ein Kompakt-Räuchergerät!

**2.** Der erste Rost mit zwei ungesalzenen Forellen wird in den Räucherer gegeben. Wir würzen erst später den frisch geräucherten Fisch nach Geschmack mit Salz. Vorher haben wir zwei Handvoll Räuchermehl auf den Boden gestreut und die beiden Tropfschalen darübergestellt.

**1.** Der kleine Super Smoker lauert auf Beute. Ohne viel Aufwand haben wir ihn mit ans Fischwasser genommen, das Zubehör ist schon drin!

**3.** Jetzt kommt der nächste Rost mit zwei weiteren Regenbogen-forellen darüber.

**4.** Deckel drauf und fest mit den Drahtrasten links und rechts des Deckels ver-schließen.

…ch sehr!"

5. Die Brennschalen in dem Untersatz werden zur Hälfte mit Spiritus gefüllt und angezündet. Für dickere Fische werden die Schalen ganz mit Spiritus aufgefüllt.

6. Nun schmurgelt das Ganze etwa 20 Minuten lang vor sich hin, bis der Spiritus verbrannt ist.

7. Unser Angler und „Räuchermeister", Jose Martins vom Mega-Angelcenter in Hamburg Rahlstedt, angelt in der Wartezeit noch ein bisschen weiter. Um den Ofen braucht er sich nicht zu kümmern: Der Smoker macht den Job alleine! Auf ebenen, feuerfesten Flächen wie Sand oder Steinen steht der Ofen auch am freien Gewässer sicher.

8. Die Fische sehen jetzt schon ziemlich lecker aus!

Sie werden nach wie vor unterschätzt, die kleinen und kompakten Räucheröfen. Dabei bieten Sie doch gegenüber den wesentlich teureren Profigeräten auch einige Vorteile. Zwar werden die Fische nicht ganz so saftig und platzen vielleicht auch mal auf. Aber: Die kleinen Vergolder sind nicht größer als ein Kofferradio und können bequem mit ans Wasser genommen werden. Alle nötigen Utensilien befinden sich in der praktischen Blechkiste: Untersatz mit Brennschale, Roste zum Auflegen der Fische. Sie brauchen nur noch ein wenig Räuchermehl (am besten Buchenmehl aus dem Fachhandel), Spiritus (Tipp: Spiritus-Gel, das ist sicherer!) und natürlich den frischen Fang. Falsch machen kann man bei dieser Art des Räucherns nichts. Allerdings sind der Kreativität auch Grenzen gesetzt und nicht jeder Fisch verträgt die große Garhitze gleich gut. Wir haben den Klassiker gewählt: Forellen in Portionsgröße. Vier Stück bis 35 Zentimeter Länge passen in die meisten handelsüblichen Geräte. Auch ganze Barsche und Plattfische lassen sich sehr gut im Kompaktgerät räuchern. Größere Zander, Hechte, Karpfen und Brassen werden vorher in Portionsstücke zerteilt. Nach etwa 20 Minuten ist in jedem Fall die Verwandlung von Silber in Gold vollzogen – guten Appetit!

Bernd Kuleisa

9. Garprobe: Die Rückenflosse lässt sich leicht abziehen, der Fisch ist durchgegart!

10. Zum Anbeissen, diese Goldforellen! Guten Appetit, Jose!

Fotos: B. Kuleisa

Größere Fische wie dieser Karpfen werden vor dem Räuchern in Stücke zerteilt.

Große Spannung vor dem Räuchern: Halten die Räucherhaken?

Foto: R. Schmidt

Verschiedene Räucherhaken entsprechen den unterschiedlichsten Bedürfnissen

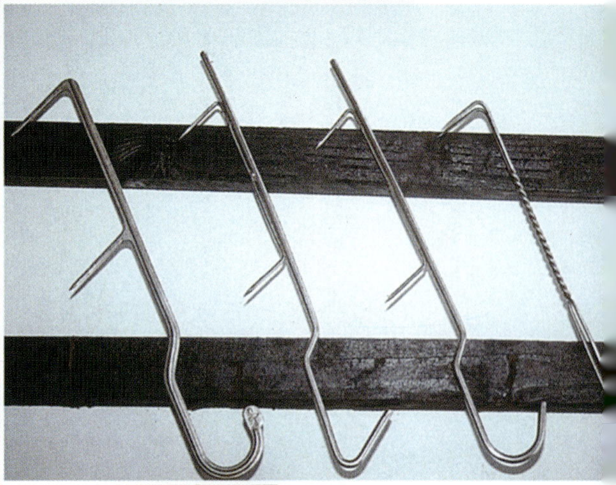

# Tricks zum Drumherum

Es ist ein hässliches Geräusch, wenn ein schöner Aal in der Flamme verschmurgelt. Damit Ihre Räucher-Lust nicht zum Räucher-Frust wird, geben wir Ihnen Tipps zum fachgerechten Aufhängen und Trocknen der Fische sowie zum idealen Räucherholz

Ein Thermometer zeigt uns stets den Temperaturverlauf des Räuchervorganges an.

Wir haben verschiedene Befestigungsarten geprüft und sind zu folgenden Ergebnissen gekommen: Profis stecken die Fische meist dicht nebeneinander auf eine Stange wie Perlen auf eine Schnur. Klar, dass gewerbsmäßige Räucherer bestrebt sind, den Platz in ihrem Ofen optimal auszunutzen.

Für „Otto-Normalräucherer" jedoch bringt diese Methode einige Nachteile: Erstens rutschen die Fische auf der Stange leicht zusammen. Ergebnis: Der Rauch erreicht nicht alle Fische gleich stark und das Räuchergut bekommt helle, unansehnliche Flecken. Zweitens können die Fische an einem dünnen Stab bei nicht korrekter Befestigung leicht ausreißen. Wenn Sie dennoch nach dieser Methode räuchern wollen, sollten Sie darauf achten, dass Sie die Stäbe nicht überladen. Und: Die Fische müssen sorgfältig unterhalb des Kopfes, am besten durch's Rückgrat eingestochen werden.

Alle Fische, die einen ausgeprägten Schwanzstiel haben (also bitte keine Aale!), können auch an diesem Punkt aufgehängt werden. Die Schlinge sollten Sie aus einer Hanfschnur herstellen. Vorteil: Die Fische hängen einzeln im Rauch und kleben nicht zusammen. Außerdem verschmutzen aus dem Fischkopf austretende Flüssigkeitsreste nicht den Körper. Nachteil: Für den Anfänger scheint uns die Befestigung mit Räucherhaken einfacher und deshalb sicherer zu sein. Eine nicht sorgfältig gesetzte Schlinge bedeutet mit Sicherheit einen Ausfall (im wahrsten Sinne des Wortes!).

## Haken, die halten

Wie gesagt ist die Befestigung mit Räucherhaken besonders sicher. Dabei unterscheiden wir zwischen einfachen Haken (aber bitte keine großen, dicken Fleischerhaken!) und Modellen mit mehreren Widerhaken für besonders sicheren Sitz. Kleine, leichte Fische werden von den einfachen Haken gut festgehalten. Aber Achtung: Bitte den Haken durch das Maul einführen und dann die Spitze dicht am Rückgrat einstechen, so dass die Hakenspitze am Genick des Fisches wieder austritt. Für kleine und mittlere Aale, Barsche oder kleine Forellen ist diese gängigste aller Methoden sehr sicher.

## Ganz oder in Stücken

Anders sieht die Sache aus, wenn es gilt, einen großen Fisch von mehr als einem Pfund Gewicht zu räuchern. Hierzu bedient man sich spezieller Modelle mit Widerhaken: Führen Sie wieder den Haken durchs Maul ein und verankern Sie dann die Widerhaken dicht neben der Wirbelsäule. So gesichert sollte auch in schierigen Fällen nichts mehr schief gehen, wenn sie beim eigentlichen Räuchervorgang

Der eine Dorn tritt am Rückgrat auf Höhe des Kopfes aus, der zweite unterhalb.

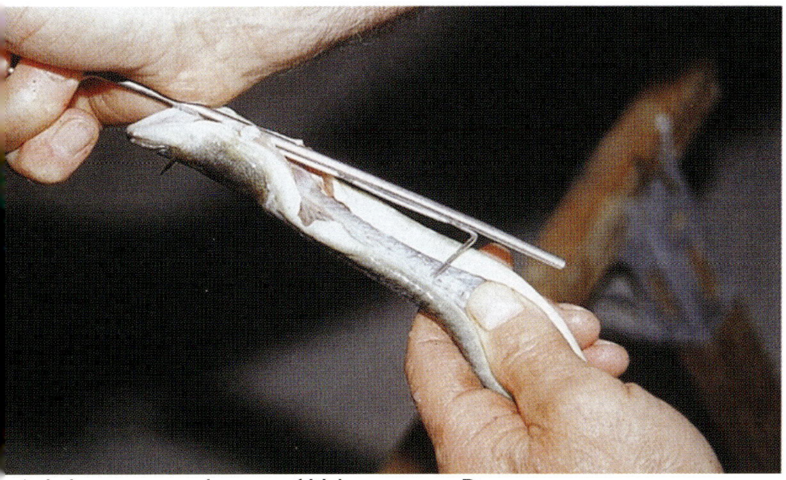

Aale hängt man am besten auf Haken mit zwei Dornen.

Trockenes Erlenholz gilt neben dem abgelagerten Holz der Buche als besonders räuchertauglich.

Foto: R. Wiese

Auch kleine Holzstücke sind zum Räuchern gut geeignet.

Foto: A. Jahr

Man braucht kein Räuchermehl zum Räuchern! Trockene Scheite eines guten Räucherholzes genügen für ein perfektes Ergebnis!

keinen Fehler machen.
Ganz schwere Brocken wie Forellen oder Brassen über zwei Pfund sollte man zerteilen. Es hat sich bewährt, den Fisch in Koteletts zu schneiden. Dazu sollten Sie den Bauch des Fisches vorher nicht aufschneiden, denn das Stück hält so besser zusammen. Die Eingeweide drücken Sie beim Vorbereiten heraus. Solche Stücke lassen sich dann wieder mit einfachen Räucherhaken befestigen. Ein kleiner Nachteil: Rund um das Einstichloch wird das Fleisch etwas hart. Es bekommt sozusagen eine zweite Räucherhaut. Trotzdem sollten Sie sich auf keine Kompromisse einlassen und den Haken tief im Fleisch verankern.

## Trocken-Tricks

Wer die ersten Räucherversuche unternimmt, sollte die Fische gut an der frischen Luft trocknen lassen. Eine Ausnahme bilden die Aale, deren Bäuche sich nur dann öffnen, wenn man die Fische nass in den Ofen hängt. Vorher die entschleimten und befestigten Fische noch einmal gut abspülen und anschließend so lange an einen luftigen, schattigen Ort hängen, bis sich die Haut pergamentartig anfühlt. Mit steigender Räucher-Erfahrung können Sie auch nasse Fische in den Ofen hängen und diese hier durch Wärme trocknen. Für Anfänger besteht dabei jedoch das große Risiko, dass die Räucherware rissig wird und leicht ausschlitzt. Luftgetrocknete Fische sind gegenüber den nassgeräucherten etwas fester im Fleisch, was aber den Genuss in keinem Fall trüben muss. Bitte beim Trocknen nicht dadurch nachhelfen, dass Sie die Fische der Sonne aussetzen. Schließlich sollen sie ja erst im Ofen gegart werden!

Foto: BLINKER

Mit grobem Buchenmehl erzeugen wir starken Rauch.

Fotos (7): JSTR

## Nicht auf den Holzweg

Bevor es jetzt mit dem Räuchern losgehen kann, ist für uns die Auswahl des richtigen Holzes entscheidend. Dabei lässt sich ohne große Geheimniskrämerei sagen, dass viele Hölzer gut geeignet sind, dafür aber auch einige über-

haupt nicht. Und genau diese sollten wir uns auf alle Fälle merken: Nadelgehölze sind harzreich und ergeben eine Räucherware die nach „Pfui Teufel" schmeckt. Also Finger weg von Kiefer und Fichte! Gut geeignete Holzarten sind zum Beispiel Buche, Erle und diverse Obstbaum-Hölzer wie etwa Kirche.

Die Birke führt wegen ihres hohen Teergehaltes ebenfalls zu nicht optimalen Ergebnissen. Professionelle Räucherer benutzen besonders gern das Holz der Buche (Weißbuche) und der Erle. Nasses Holz brennt schlecht! Aus diesem Grund sollten sie rechtzeitig genug Räucherholz schlagen oder zurechtsägen und es an einem trockenen Platz deponieren.

## Ab in den Sack!

Ein luftiger Sack (Kartoffelsack) ist das richtige Aufbewahrungsmittel. Wenn Sie Plastiksäcke verwenden, sollten Sie die mit einer Nadel perforieren, damit das Holz nicht schwitzen kann und schlimmstenfalls zu schimmeln beginnt. In einen Plastiksack gehört zum Beispiel das Räuchermehl, das Sie in jedem Angelgeschäft kaufen können. Entsprechende fertige Mischungen mit verschiedenen Geschmacksrichtungen liegen vor. Viele Fortgeschrittene geben die Späne zur Intensivierung des Rauches dazu.

Aber auch ohne Räuchermehl lassen sich erstklassige Ergebnisse erzielen. Probieren Sie es also erst später damit, wenn Sie mit der „Holz-pur-Methode" gut zurechtkommen.

*Bernd Kuleisa*

**Zum Trocknen werden die Fische an einem schattigen, luftigen Platz aufgehängt. Aale werden normalerweise nicht getrocknet, weil sich sonst die Bauchlappen zusammenrollen.**

# Das i-Tüpfelchen

So wie eine Suppe ohne Salz nicht schmeckt, so mundet auch der beste Fisch ohne Salz nicht. Aus diesem Grund müssen wir auf die richtige Menge und die richtige Art und Weise des Salzens achten.

**Jetzt wird gesalzen! Fische, kaltes Wasser und Salz stehen bereit – Vorhang auf für den Kartoffel-Trick!**

Unsere Fische können wir auf zwei verschiedene Arten zum Räuchern vorbereiten: nass oder trocken gesalzen. Vorweg muss ganz klar gesagt werden, dass die Fische zum Räuchern immer vorher gesalzen werden sollten (auch wenn der berühmte „Bornholmer Räucherhering" traditionell erst nach dem Räuchern nach Lust und Laune mit grobem Meersalz gewürzt wird). Nur so zieht das Salz in das Fischfleisch ein und verleiht echten Wohlgeschmack. Wird nach dem Räuchern gesalzen, erfüllt das Gewürz seinen Zweck nur „oberflächlich". Ob man trocken oder nass salzt, ist keine Glaubensfrage, sondern eine Frage von praktischen Erwägungen: Wenn Sie kurzfristig räuchern möchten, Sie machen einen guten Fang und laden spontan Freunde zu einer Party ein, so ist die trockene Methode angezeigt. Können Sie ihren Fischen und der Zubereitung jedoch etwas Zeit geben, so sollten Sie die nasse Methode wählen, bei der sich das Salz immer gleichmäßiger im Fleisch verteilt.
Als Behälter für die eingesalzenen Fische sollten Sie Plastikwannen benutzen, die einen ebenen Boden haben. Hier können die Fische gut nebeneinander liegen, ohne sich stark zu verkrümmen. Unregelmäßigkeiten im Geschmack werden so vermieden.

Fotos: JSTR

**Ordentlich Salz – und eine rohe Kartoffel kommen ins Wasser.**

Wenn das Wasser mit Salz gesättigt ist, steigt die Kartoffel (und auch ein rohes Ei!) wie von Geisterhand zur Oberfläche. Diese Lake verleiht den Fischen nach mindestens sechs Stunden das richtige Salz-Aroma.

## Salz pur

Beim Trocken-Salzen nehmen wir den Fisch in die eine Hand und eine gute Handvoll Salz in die andere. Nun bedecken wir erst die Außenseite des Fisches mit Salz. Bei großen Fischen brauchen wir dafür mehr als eine Handvoll. Nun kommt die Bauchhöle dran: Sie geben eine halbe Handvoll hinein und verteilen das Ganze.
Anschließend mit dem Daumen noch einmal „nachmassieren". Hat man kleine Schnittwunden an den Händen, kann diese Prozedur sehr weh tun. In solchen Fällen lieber einen Gummihandschuh tragen!
Die so gesalzenen Fische gibt man jetzt auf den Boden der Plastikwanne. Möglichst nur in einer Lage. Legen wir Fische übereinander, so geben wir noch etwas Salz dazwischen. Je nach Größe müssen die Fische jetzt eine bis anderthalb Stunden ziehen. Danach ist es wichtig, die Fische unter fließendem Wasser gut abzuspülen. Dabei nicht die Bauchhöhle vergessen! „Vergessenes" Salz gibt beim Räuchern unschöne Stellen.

Das Salz wird gründlich im Wasser verrührt. Noch liegt die Kartoffel am Boden der Schüssel.

## Salzwasser-Fische

Zum Nass-Salzen muss sich der angehende Räuchermeister erst eine Salzlake herstellen. Dabei verwendet man das anderthalbfache an Wasser im Verhältnis zum Fischgewicht.
Also: Für ein Kilo Aal brauchen Sie anderthalb Kilo (entspricht genau anderthalb Litern Wasser). Dem Wasser fügen Sie pro Liter 50 bis 70 Gramm Salz hinzu. In dieser Lake bleibt der Fisch eine Nacht lang. Da sich das für einen Anfänger etwas kompliziert anhört, haben wir für Sie eine einfachere Methode ausgetüftelt: Nehmen Sie die erforderliche Menge Wasser und legen Sie eine Kartoffel hinein. Dann geben Sie langsam so viel Salz hinzu, bis die Kartoffel schwimmt. In dieser Lake bleibt der Fisch nur ein bis zwei Stunden lang liegen. Natürlich ist es jedem freigestellt, nach den ersten Erfahrungen die Lake mit Gewürzen zu verändern. Wem der Fisch nach unserem Rezept zu salzig oder zu fade ist, kann dies durch Verändern der Salzzeit korrigieren. Natürlich müssen Sie auch die Fische aus der Lake gründlich ausspülen.

*Bernd Kuleisa*

Sie können problemlos verschiedene Fischarten gleichzeitig salzen.

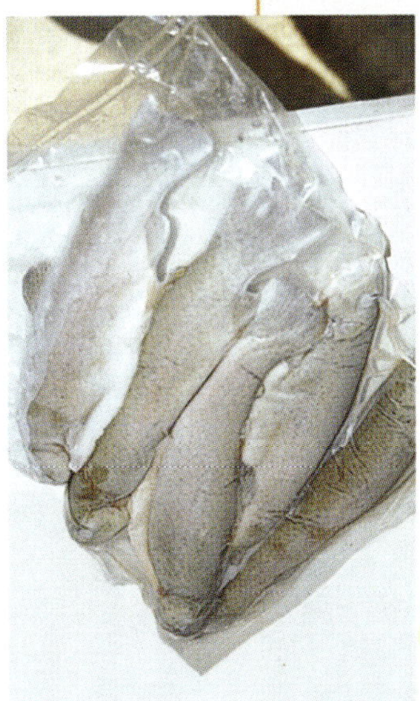

Gefrostete Fische kommen unaufgetaut in die Salzlake.

### Tipps zum Salzen

Über den Einsatz von Gewürzen streiten sich die Räucher-Experten. Einig sind sich jedoch alle darüber, dass Räucherfisch erst dann so richtig schmeckt, wenn er ordentlich gesalzen wird. Wieviel Salz Sie letzten Endes im Wasser auflösen, dass entscheidet Ihr persönlicher Geschmack. Die meisten Räucherer schwören auf eine gesättigte Salzlake, in der die Fische über Nacht durchziehen. Wem das zu salzig ist, der kann bis auf 50 Gramm Salz je Liter Wasser reduzieren. Wie so oft beim Räuchern ist auch hier testen, testen und noch mal testen angesagt.
Das Trockensalzen ist einfacher, geht schneller, bringt aber kein so gleichmäßiges Ergebnis wie das Einlegen der Fische in Salzlake.
Welches Salz Sie verwenden, ist weniger wichtig. Es gibt Experten, die in jedem Fall auf Jodsalz verzichten und stattdessen Kochsalz verwenden. Auch grobes Meersalz und gewöhnliches Speisesalz verleihen dem Fisch ein schönes Aroma.
Wenn Sie verschiedene Fischarten in einem Räuchergang zubereiten möchten, können Sie alles auf einmal salzen. Alle Fische behalten dabei den für sie typischen Geschmack.
Eingefrorene Fische brauchen vor dem Salzen nicht extra aufgetaut zu werden. Allerdings können Sie gefrosteten Fisch nicht trocken salzen. Er wird stattdessen in eine Salzlake gegeben, taut darin auf und wird gleichzeitig mild und zart gesalzen.

# 100 Jahre Räucheraal

Räucheraal ist nicht gleich Räucheraal. Beim weltgrößten Produzenten von Räucheraal, der Hamburger Feinfischräucherei Friedrichs, werden die besten Aale, nämlich lebende Ostseeaale mit 700 bis 900 Gramm und einem Fettanteil um 20 Prozent verwertet. Und das schmeckt man!

Noch zu Kaiser Wilhelms Zeiten begannen die Friedrichs mit dem Räuchern von Aalen. Längst ist aus den Anfängen ein mittelständiges Unternehmen mit 350 Mitarbeitern geworden. Und es hat sich so viel Erfahrung angesammelt, dass Räucheraale von Friedrichs heute Maßstab sind für Spitzenqualität. Uns räuchernden Anglern stellt sich nun die Frage, wie das die Profis hin bekommen. Warum schmecken ihre Räucheraale so gut? Thomas Koch, der Technische Betriebsleiter, öffnete für uns die Türen und ließ sich über die großen Räuchergeheimnisse befragen. Am Anfang steht die Frische des Aales, so der Fachmann.

Dicke Ostsee-Blankaale, alle über ein Pfund schwer, werden bei der Feinfischräucherei Friedrichs in Hamburg verarbeitet. Mit 18 bis 24 Prozent haben diese Fische einen hohen Fettanteil.

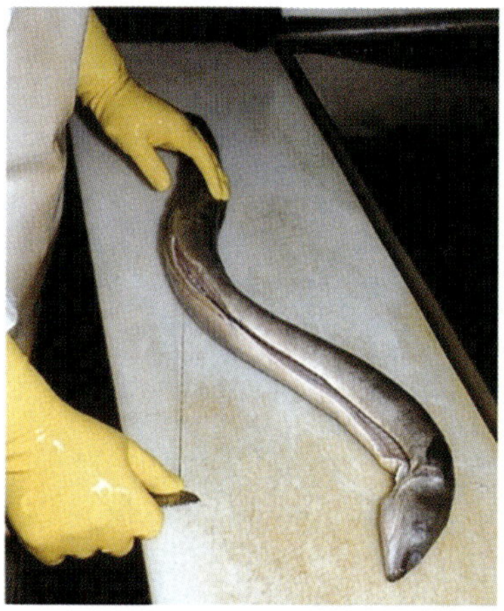

Behutsam wird der Blutfaden aus dem Schwanz des Aales gezogen.

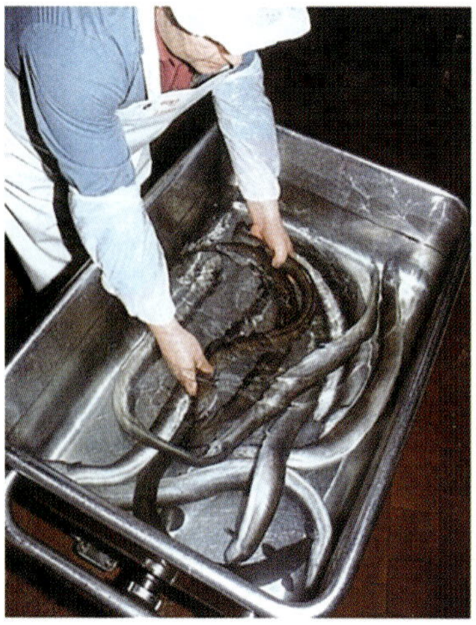

Die Aale werden über Nacht in einer acht- bis zehnprozentigen Salzlake aus Trinkwasser und Kochsalz eingelegt.

Grobe Buchenholzspäne – sonst kommt nichts in den Rauch!

Hightech pur: So sehen die hochmodernen Heißdampf-Räucheröfen bei Friedrichs aus.

## von Friedrichs

Die Aale werden auf einer Stange aus rostfreiem Stahl in den Rauch gehängt.

Nur Aale aus gesundem, frischem Wasser ergeben einen wohlschmeckenden Räucheraal. Dem Angler gibt Koch den Tipp, den Aal vor dem Töten wenigstens ein bis zwei Tage lang in sauberem Wasser zu hältern.

Die Tötungsart ist gesetzlich vorgeschrieben und geschieht im Großbetrieb elektrisch. Die Fische werden mit Strom augenblicklich betäubt und sind wenig später tot. Die Profis kümmert es nicht, dass die Aale dabei nicht ausbluten. Viel wichtiger ist ihnen das Entfernen der unbeschädigten Gallenblase beim Ausweiden, weil die ausfließende Galle das ganze Gewebe verfärben kann.

## Ab ins Salz!

Noch wichtiger ist für die Profis das Entfernen des aaltypischen „Blutfadens", ein pferdehaardicker Blutversorgungsstrang, der vom Kopf bis fast ins Schwanzende verläuft. Um ihn zu entfernen, werden die Aale weit über den After hinaus aufgeschnitten. Der Blutfaden lässt sich dann mit Gefühl vollständig herausziehen.

Anschließend säubern die Profis ihre Aale in einer Ammoniaklösung vom Schleim, neuerdings in einer Sodalösung. Das geschieht in großen, rotierenden Trommeln. Von dort gelangen die Tiere nach einer kurzen Spülung in die Salzlake. Um das Salzen rankt sich kein wirkliches Geheimnis. Außer, dass bei Friedrichs nicht gewöhnliches Salz, sondern nur Kochsalz verwendet wird. Die Aale bleiben über Nacht bei Kellertemperatur in einer acht- bis zehnprozentigen Lake.

Danach werden sie kurz durch frisches Wasser gezogen und tropfnass aufgehängt. Dazu werden Haltestäbe hinter dem Nacken durchs Rückgrat gestochen.

Noch feucht kommen die Aale gleich in die Räucherkammer. Einige hundert passen auf die großen Gestelle, die in die Öfen geschoben werden. Nun gilt es, für jeden einzelnen Fisch die Hitze und den Rauch gleichmäßig fein abzustimmen. „Darin liegt unser

**Lecker Räucheraal!**

**Die aufgespreizten Bauchlappen werden durch heißen Wasserdampf vor dem eigentlichen Räucher-Vorgang erreicht.**

großes Geheimnis", erklärt Betriebsleiter Koch, „die genaue Dosierung von Hitze und Rauch macht den leckeren Geschmack unserer Aale aus."

## Gespreizte Bauchlappen

Von Generation zu Generation überliefern die Räuchermeister ihr Wissen um diesen entscheidenden Schritt. Etwa so, wie der Kellermeister im Weinkeller. „Geben Sie sich keine Mühe. Aus den Männern ist nichts herauszubringen", sagt Koch lachend. „Aber so viel kann ich verraten: Wer bei diesem entscheidenden Schritt nicht aufpasst und keine Erfahrung hat, wird kaum einen Super-Räucheraal erhalten". Dann erläutert er die einzelnen Räucherschritte:

Die Friedrichs erhitzen ihre Öfen mit heißem Dampf und heißer, trockener Luft. Darin werden die frischen Aale kurzzeitig erhitzt. Jedenfalls so lange, bis sich die Bauchlappen aufspreizen. Das klappt nur, wenn die Aale feucht in den Räucherofen kommen. Ständig wird kontrolliert und mit der Temperatur „gespielt". Der Meister hat dazu am Ofen ein großes Display und kann alles fein regulieren. Schließlich werden außerhalb der Räucherkammer Buchenspäne entzündet und der entstehende Rauch in die Kammer geblasen. Ein Feuer in der Kammer gibt es nicht, Holzscheite werden nicht verwendet.

Der Räuchermeister lässt seine Aale keinen Augenblick aus den Augen. Denn, so erfahren wir, die Rauchumwälzung sei von größter Bedeutung. Nur bei optimaler Rauchentfaltung kann sich das Raucharoma in den ganzen Fisch einschmeicheln.

## Nichts als Buche...

„Euch Anglern kann ich nur empfehlen, bei der Räuchertonne ab und zu den Deckel kurz anzuheben, damit eine ordentliche Zirkulation des Rauches entstehen kann", rät der Betriebsleiter und greift gleichzeitig in einen großen Sack mit Buchenspänen. „Das Raucharoma aus dem Buchenholz ist so einmalig, dass wir kein anderes Holz verwenden."

Das ist eine Überraschung: Die Profis nehmen nichts anderes als Salz und Buchenspäne! Aber Halt! Da wird nicht irgendeine Buche verwendet, sondern Holz aus ganz besonderen Waldlagen, fein vorbehandelt vom Lieferanten. Aus dem bringen wir natürlich auch kein Sterbenswörtchen über die Herkunft heraus. Nur Erlenholz, so viel erfahren wir noch, eignet sich auch für die Räucherei, weil es eine schöne Farbe ergibt.

Und Wachholderbeeren werden auch als Zutat von einigen ihrer Zunft verwendet. Aber nicht bei Friedrichs!

Wenn der Meister mit dem Räucherergebnis zufrieden ist, werden die Aale herausgenommen und sind zum alsbaldigen Verzehr bestimmt. Je nach Größe waren sie jetzt zwei bis vier Stunden lang bei 60 bis 80 Grad im Rauch.

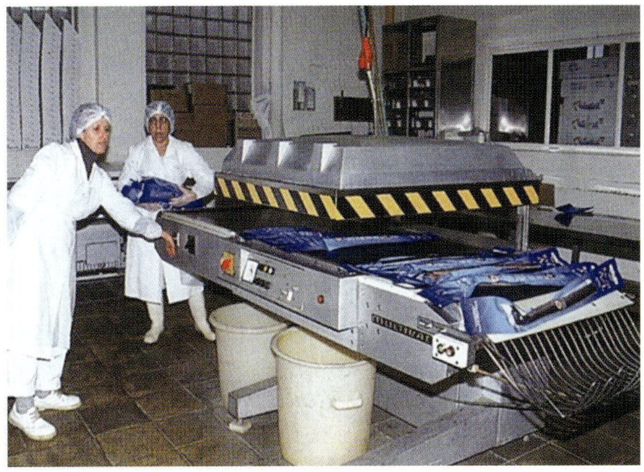

**Hier werden die Aale vakuumverpackt.**

**Und ab geht die Post – Friedrichs-Räucheraal ist in aller Welt eine angesehene Delikatesse.**

Fotos: CWSL

Frisch aus dem Rauch und noch warm ist so ein Aal ein Hochgenuss. Aber die Profis raten, die goldgelb leuchtenden Fische auf Zimmertemperatur abkühlen zu lassen, weil sich dann das Fleisch setzt und viel besser von der Haut abziehen lässt. Bis zu zehn Tage kann man die Köstlichkeit nun im Kühlschrank aufbewahren. Vakuumverpackt sogar 14 Tage lang, ohne dass Aroma und Geschmack leiden.

Dann macht man es am besten wie mancherorts in Ostfriesland: Räucheraal aus der Hand essen, danach ein schöner Kümmel. Dann die Hände mit Kümmel beträufeln, den Duft einsaugen und der Appetit aufs nächste Aalstück ist nicht mehr zu zähmen!

*Carl Werner Schmidt-Luchs*

# Rauch-Umleitung

Mit einem neuen Räucherofen-Konzept macht die Firma Schlenther aus Thüringen auf sich aufmerksam: Mit einer „Rauchumleitung" baut man aus dem Heißräucherofen im Handumdrehen einen Ofen zum Kalträuchern!

Portionsforellen wollen wir heute räuchern. Herr Schlenther hat seinen „Lukullus"-Räucherofen am Ufer der Hamburger Elbe aufgebaut.

Ober- und Unterteil des Ofens werden ganz einfach zusammengesteckt.

Das Rohr für die Rauchumleitung wird seitlich auf die beiden Rohransätze am Unterteil des Ofens aufgesteckt.

Im Rohr befinden sich zwei bewegliche Klappen. Zum Heißräuchern bleiben sie geschlossen, zum Kalträuchern werden sie von außen mit einem Handgriff geöffnet.

Herr Schlenther setzt das Rohr auf – der Ofen ist einsatzbereit!

Das komplette System zum Heiß- und Kalträuchern (von links): Das Unterteil mit der Späneschale, Fettauffangschale und dem Rohr für die Rauch-Umleitung; das Oberteil mit Thermometer, Drahtstern zum Aufhängen der Fische und Deckel.

Mit diesen zwei Hebeln an den beiden Verbindungsstücken werden die Klappen für die Rauchumleitung geöffnet, wenn man mit kaltem Rauch räuchern möchte. Außerdem muss man dann auch die Fettauffangschale im Unterteil des Ofens umdrehen, damit die direkte Rauchzufuhr in den Ofen von unten gestoppt wird.

Eine Besonderheit zeichnet die Späneschale aus: In der Mitte des Bodens befindet sich ein größeres Loch, dass den Kamineffekt beim Räuchern unterstützt. Ein Plastikrohr (Bierflasche geht auch!) wird darauf gesetzt.

Um das Rohr werden reichlich grobe Buchenspäne in die Schale gefüllt – je gröber die Späne, desto größer die Hitze-Entwicklung!

Mit beiden Fäusten werden die Holzspäne fest in die Schale hineingedrückt.

Das Rohr wird vorsichtig abgezogen.

Zurück bleibt ein Loch, das genau über dem Loch im Boden der Späneschale liegt.

Fotos: JSTR

Die Späneschale wird in die dafür vorgesehene Halterung im Unterteil des Ofens geschoben.

Ein kleines Schälchen mit geruchsneutraler Brennpaste (aus dem Drogeriemarkt) genügt, um die Späne zu entfachen.

Schon nach wenigen Minuten erkennen wir den Kamineffekt: Das Feuer brennt nach oben durch die Aussparung in den Spänen.

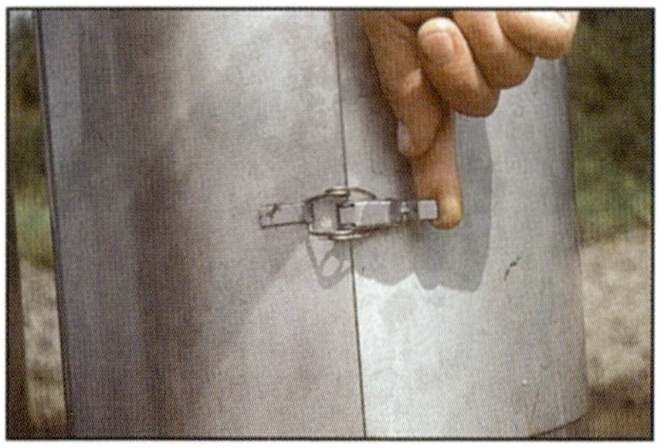

Wenn das Feuer entfacht ist, werden sämtliche Türchen am Ofen geschlossen und mit den praktischen Schnappverschlüssen gesichert.

Nach 20 Minuten bei 80 Grad sind die Forellen bereits gegart.

Danach bleiben die Fische noch so lange im Rauch hängen, bis die Buchenspäne komplett herunter gebrannt sind.

Herr Schlenther präsentiert das Ergebnis: Leckere, heiß geräucherte Forellen!

Mit einem Grillaufsatz und dem passenden Grillrost verwandeln Sie das Unterteil des Ofens blitzschnell in einen Grill. Im Zubehörprogramm gibt es außerdem noch eine große Schieferplatte, die Sie als „heißen Stein" zum Braten einsetzen können.

Die Kohle wird mit Brennpaste (diesmal aus der Flasche, gibt's auch in der Drogerie) bespritzt und anschließend angezündet.

Damit die Kohlen schön durchglühen, öffnen wir eine Klappe am Unterteil.

Herr Schlenther hat echte Thüringer Bratwurst aus seiner Heimat mitgebracht – es muss ja schließlich nicht immer Fisch sein!

Der Clou: Mit dem großen Topf am Dreibein können Sie sich auch mal ein deftiges Gulasch oder eine kräftige Fischsuppe über dem offenen Feuer zubereiten. Den Ofen und das komplette Zubehör erhalten Sie unter Tel: 03 66 21 – 88 70; Fax: 03 66 21 – 8 87 14; Internet: www.schlenther-edelstahl.de

Fotos: JSTR

Seit zwei Stunden hängen die Forellen jetzt im heißen Rauch. Da wird's langsam Zeit für die erste Schnupperprobe.

# Die

Dichter Rauch zwängt sich durch die Ritzen des kleinen Räucherofens. Ich habe ihn auf dem Balkon aufgestellt und schon mal mächtig aufgeheizt.

Ein paar leckere Regenbogenforellen hängen im Rauch, den ich auf fast 100 Grad erhitzt habe. Natürlich sind auch die Nachbarn im Hause vorgewarnt und mit dem Versprechen getröstet worden, dass auch für sie eine handwarme Forelle reserviert ist. Das ist wichtig, denn ohne Vorwarnung kann einem der Rauch schon ganz schön „auf die Nase gehen". Außerdem gibt man den Mitbewohnern so die Möglichkeit, schon mal rechtzeitig die Fenster zu verschließen und ihr Hab und Gut vorm Rauch zu schützen. Und sich selbst vor der herbeieilenden Feuerwehr...

Etwa 30 Minuten wird es dauern, bis die Fische bei mindestens 70 Grad gar sind. Danach dürfen sie noch gut 90 Minuten lang den Rauch annehmen - das ist gut für die Farbe und vor allem für's Aroma! Irgendwann in dieser Zeit werden dann auch die hungrigen Kumpels antraben, mit denen ich schon häufiger solche Räucherabende veranstaltet habe.

Meistens machen wir es so, dass

Die Haken lösen sich schön vom zarten Fleisch der Forelle ab – dann kann's ja langsam losgehen mit dem Festmahl.

Halt Leute, immer schön langsam! Drinnen warten die Jungs auf den Räucherfisch – also Pfoten weg!

# Balkon-Fete

wir alle zusammen unsere Fische sammeln, in der Gefriertruhe zwischenlagern und dann zum Räucher-Termin auftauen. Alles wird in einer Salzlake zusammen gewürzt und nach 12 Stunden sorgfältig an der Luft getrocknet.
Da kommt immer eine nette Mischung aus den verschiedensten Fischen zusammen: Thorsten und Volker haben fast immer frische Meerforellen auf Lager, Christian stiftet Barsch und Zander, Kai einen Karpfen und ich die Aale.

## Gemischte Platte

Auf dem Tisch macht sich diese gemischte Fischplatte nicht nur optisch ausgezeichnet, sie bietet auch dem Gaumen eine willkommene Abwechslung zwischen fetten und mageren Leckerbissen. Schließlich kann man nicht den ganzen Abend lang nur Räucheraal futtern. Zumal dann auch der Konsum an Malteser oder Jubi ins Bodenlose ginge. Schließlich gilt unter hartgesottenen Aalessern der Grundsatz: Aal muss schwimmen! Und das tut er eben vorzüglich im magenfreundlichen, eisgekühlten Aquavit.
Ansonsten passt immer ein kühles Pils zu den Leckereien aus dem Räucherofen.
Heute ist also nicht unser erster gemeinsamer Räucher-Einsatz. Der ging damals übrigens gründlich in die Grütze: Genau wie heute stand der Ofen auf dem Balkon. Allerdings an einem dieser typischen Hamburger „Sommertage" mit mühsam 17 Grad, Sprühregen und reichlich kühlem Wind von der Nordsee her. Aus Erfahrung kann ich Ihnen nur raten, an einem solchen Tag alle Räucherbemühungen sofort einzustellen! Wenn der Ofen nicht einigermaßen geschützt steht und ihn der kühle Wind umsäuselt, dann wird nichts aus den notwendigen 70 bis 100 Grad, die man zum Garen der Fische braucht. Um 19.00 Uhr hatten wir damals den Ofen angeworfen und nach etwa zwei Stunden eine Temperatur von sage und schreibe 42 Grad erreicht! Dieser Zustand dauerte Stunden, während sich die Bestände an Aquavit und Bier auch ohne fette Beilage recht schnell reduzierten.
Übrigens: Damals gab's dann gegen Mitternacht den Fisch gegrillt, vom kleinen Elektrogrill in der Küche!
Heute ist alles anders: Inzwischen sind die Forellen gar, die Rauchphase hat begonnen und wir sitzen alle zusammen auf dem Balkon und schauen wie gebannt durch die Glasscheibe auf die goldgelben Fische.

## Nicht naschen!

Am liebsten würden wir jetzt schon mal naschen, doch das ist streng verboten! Zuviel Rauch und Temperatur würden entweichen, wenn wir dieser allzu menschlichen Schwäche jetzt nachgeben würden. Also heißt es tapfer sein und weiter von verlorenen Welsen, gelandeten Zandern und zukünftigen Meerforellenfängen zu erzählen.
Für uns gehört es einfach dazu, die gefangenen Fische zu verwerten. Und es macht wirklich großen Spaß, die Fänge der letzten Zeit gemeinsam zu verspachteln. Was würde sich dafür besser anbieten als ein Räucherabend? Wenn die Fänge üppig waren, werden die restlichen Fische nach dem Essen untereinander aufgeteilt (Nachbarn natürlich nicht vergessen!) und zu Hause im Kühlschrank aufbewahrt. Heiß geräucherten Fisch kann man ohne Probleme fünf Tage lang nach und nach verzehren.

*Jörg Strehlow*

Raum fürs Räuchern ist in der kleinsten Hütte. Wenn die Nachbarn mitspielen, steht einem Räucher-Fest auf dem Balkon nichts mehr im Wege. Den Fisch steuern die Besucher bei.

**Der Tisch ist voll, die Stimmung gut. Frischer Räucherfisch ist so lecker, da braucht man nichts außer frischen Brötchen dazu.**

**Und natürlich Bier und Jubi! Außer den Gräten bleibt von den zarten Forellen nichts mehr übrig – dann hat's ja wohl geschmeckt!**

# Nasse Aale, heißer

Heiß geräucherte Aale verdrehen dem Feinschmecker den Kopf. Wir bereiten für Sie den saftigen Leckerbissen vor: Schritt für Schritt zum Nachmachen!

Von Dr. Peter Wondrak

**Räucheraale frisch aus dem Ofen: Der eine mag sie noch warm, dem anderen schmecken Sie besser, wenn sich das Fleisch ein oder zwei Tage lang gesetzt hat. Ein Leckerbissen sind geräucherte Aale so oder so!**

# Rauch

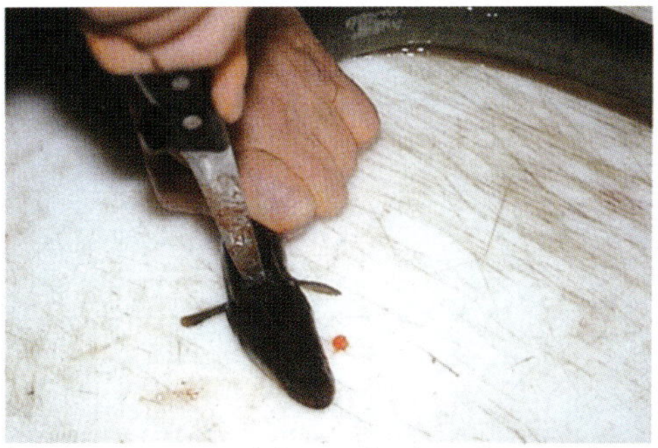

Mit einem spitzen Messer durchstechen wir das Rückgrat des Aales. Der Fisch wurde vorher mit Strom betäubt. Zu Hause machen Sie das bitte - wie gewohnt - mit einem Fischtöter!

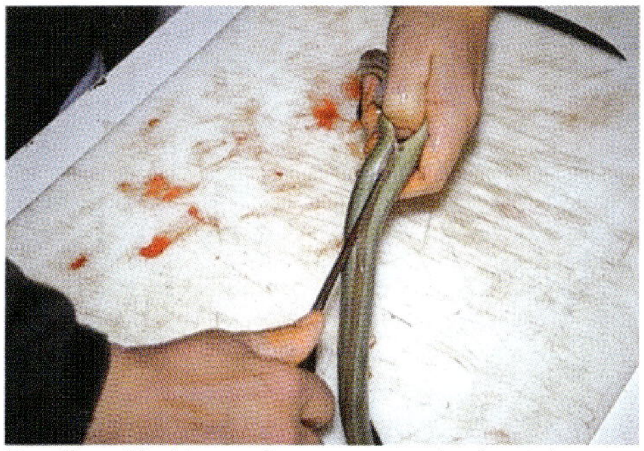

Die Bauchhöhle wird mit einem scharfen Messer bis etwa drei Zentimeter hinter den After geöffnet - so können wir anschließend die Niere besser entfernen.

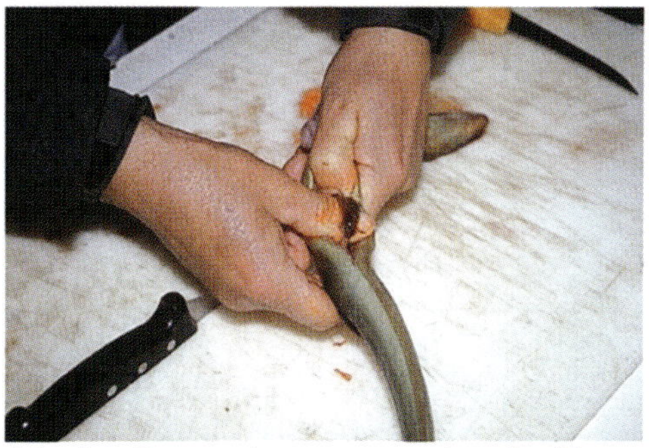

Mit dem Daumen lösen wir vorsichtig den Nierenpfropf und ziehen von hinten nach vorne alle Innereien heraus.

Jetzt füllen wir eine große Kunststoff-Wanne mit kaltem Wasser. Für ein Kilo Aal brauchen wir einen Liter Wasser.

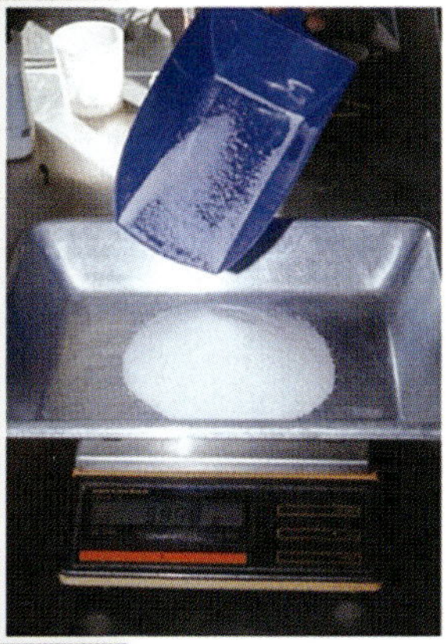

Das Salzen bestimmt den späteren Geschmack des Räucheraales nachhaltig. Eine 8-prozentige Salzlösung (80 Gramm Salz auf einen Liter Wasser) ist perfekt: Wir haben fünf Kilo Aal = fünf Liter Wasser = 400 Gramm Salz.

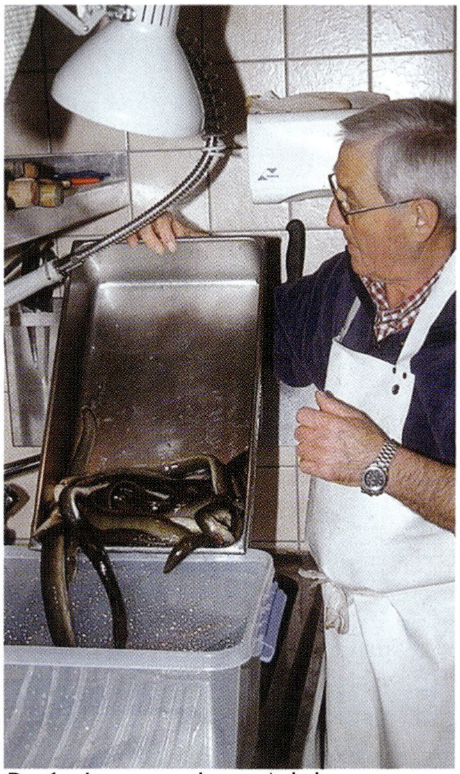

Die frischen, gewaschenen Aale kommen nun für 12 bis 14 Stunden in die Salzlake und werden an einem kühlen Ort (Keller) gelagert. Gefrorene Aale werden genau so vorbereitet.

Nach dem Salzbad lässt sich der zähe Aalschleim ganz einfach mit den Händen abstreifen. Lassen Sie bitte keine Schleimreste am Fisch!

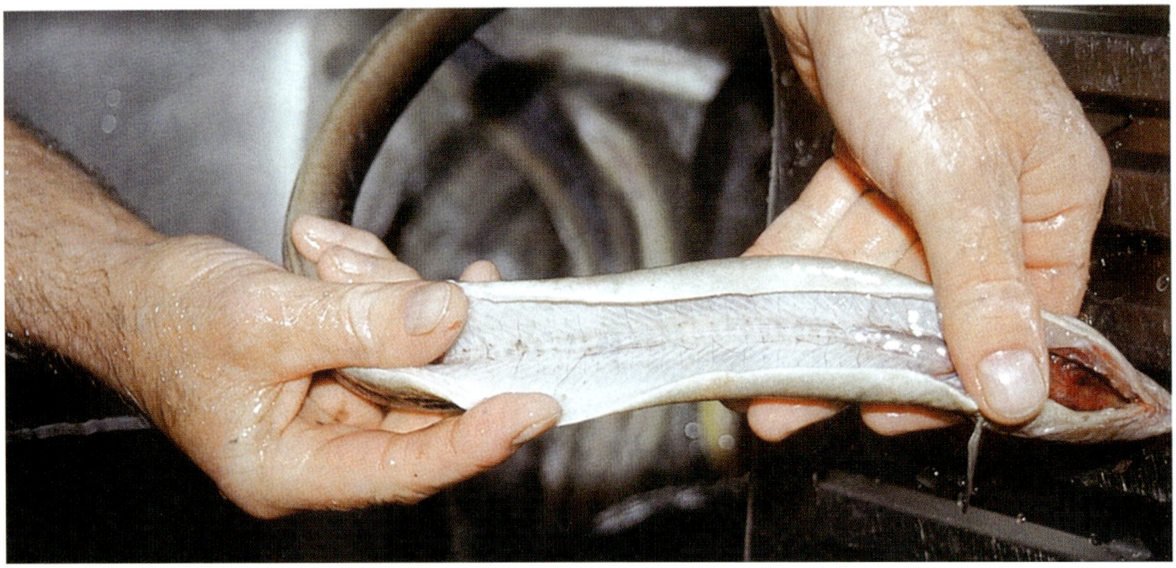
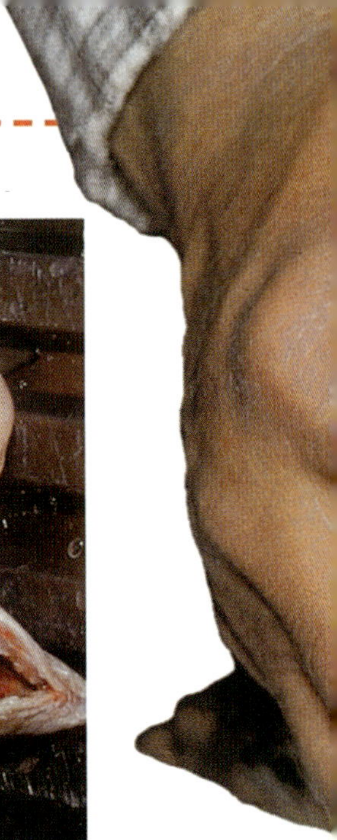

Unter fließendem Wasser wird auch die Bauchhöhle der Fische nochmals gründlich ausgeschrubbt. So entfernen wir die letzten Blut- und Nierenreste vom Rückgrat.

Nachdem auch die Kiemen der Aale gründlich ausgespült und ausgedrückt wurden, stecken wir die nassen (!) Aale auf Räucherhaken mit zwei Dornen. Die Dornen werden links und rechts, unmittelbar neben dem Rückgrat, durchgestochen.

Im Glutkasten des Ofens wird ein kräftiges Feuer aus Buchenholz-Scheiten geschürt. Der Durchzug wird geöffnet, die Ofentür wird geschlossen und der Ofen auf 90 bis 100 Grad aufgeheizt.

Jetzt werden die nassen Aale zügig in den heißen Ofen gehängt. Es ist wichtig, dass die Fische nicht den Ofen berühren und sich auch nicht gegenseitig in die Quere kommen.

Der Anschnitt: Schneeweißes, saftiges Fleisch verrät uns den Erfolg unserer Bemühungen.

Deshalb müssen Aale nass in den Ofen gehängt werden: Nur dann öffnen sich nach 10 bis 15 Minuten die Bauchlappen! Das sollte man auch kontrollieren, indem man kurz die Tür des Ofens öffnet: Haben sich die Bauchlappen zusammengerollt, war die Temperatur zu niedrig. Spreizen sich die Bauchlappen nach außen, war sie zu hoch. Die Aale sind jetzt bereits gar.

Nach der Gar-Phase kommt jetzt die Räucherphase: Der Durchzug am Ofen wird geschlossen und einige Holzscheite werden nachgelegt. Die dürfen jetzt nur noch glimmen, um die Rauchentwicklung zu unterstützen. Bei etwa 40 Grad werden die Fische jetzt noch zwei Stunden lang im geschlossenen Ofen geräuchert.

Garprobe: Mit leichten Druck auf den Aal stellen wir fest, ob sich der Fisch schön prall anfühlt.

Fotos: JSTR

Die sind richtig! Zwei schöne Brassen sollen die Verwandlung von Bronze zu Gold vollziehen.

# Von Bronze zu Gold

Der Brassen ist unser Sorgenkind: Leicht zu fangen ist er. Aber Brassen essen? Für den Räucherer stellt sich diese Frage nicht. Große Brassen aus dem Rauch sind der Hit!

Der Brassen. Ihm widmen wir an dieser Stelle einen Artikel im Sonderheft "Räuchern und Grillen". Zwischen all den verlockenden Goldbarren ein Stück Blech? Mitnichten! Der schleimige, grätige Brassen hat sich seinen Platz zwischen saftigen Aalen und kernigen Forellen durch Qualität erobert.
Als Bratfisch, sauer eingelegt, schmeckt er auch nicht schlecht. Emporgehoben auf den Thron der Delikatessen haben ihn aber erst die vielen Angler, die sich mit dem Räuchern beschäftigen. Zunächst nur als Notlösung. „Damit sich das Räuchern lohnt". Einfach nur, um den Ofen voll zu bekommen! Als Lückenbüßer also.
Aale und wilde Forellen sind für diesen Zweck zu zickig, wenn wir ihnen mit der Angel nachstellen. Der Brassen hingegen lässt sich, behäbig wie er ist, überlisten und ohne Mühe landen. Ein lieber Fisch!
Da hängt er nun, im duftenden Rauch. Zwischen den glanzvollen Leckerbissen. Klar, dass wir uns erst die 40er Bachforelle greifen, die wir im dritten Anlauf endlich auf unse-

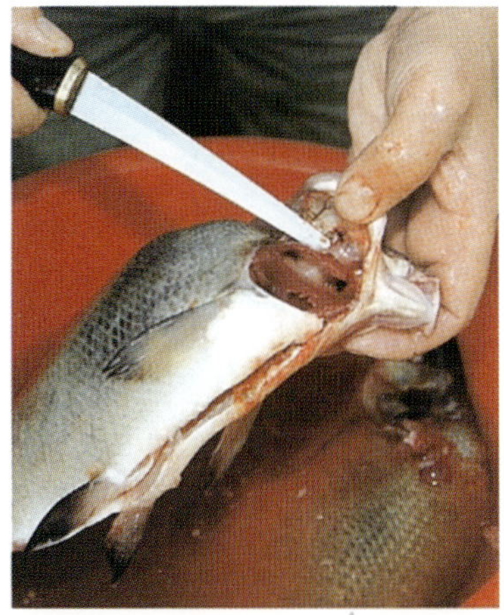

Wichtig: Die Kiemen sollten Sie vollständig entfernen! In der Hitze des Räucherofens laufen sie sonst aus und sorgen für unappetitliche Streifen auf der goldgelben Haut.

Die Fische werden gründlich ausgenommen und gesäubert. Entschuppen sollte man sie nicht, damit das Fleisch beim Räuchern saftiger bleibt.

60 bis 80 Gramm Salz kommen – je nach Vorliebe – in eine große Schüssel mit kaltem Wasser. In dieser Lake lassen wir die Brassen mindestens zehn Stunden ziehen.

Nach dem Salzbad lassen sich Schleimreste und Blut restlos mit klarem Wasser entfernen.

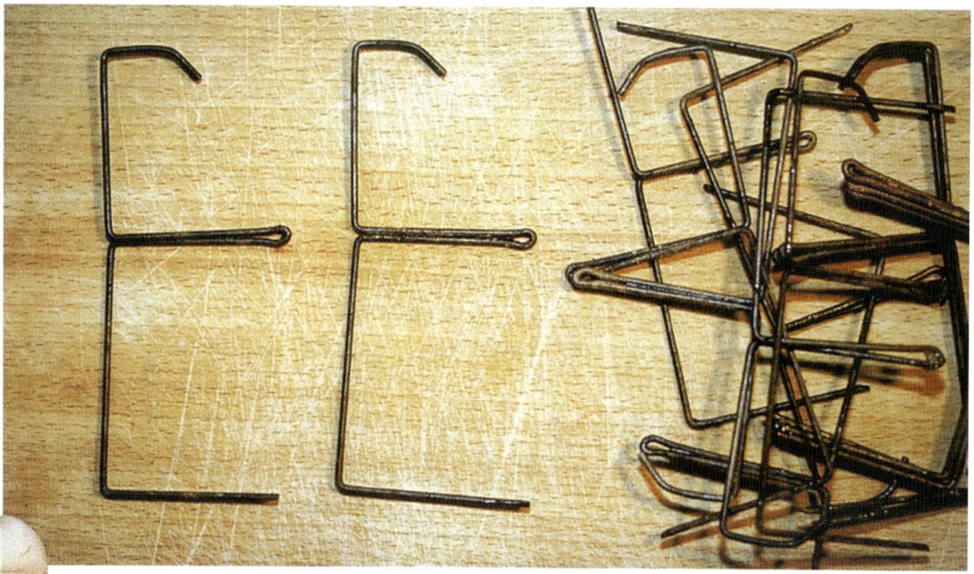

Stabile Räucherhaken mit zwei Aufhäng-Punkten braucht man schon, um einen zwei oder drei Pfund schweren Brassen am Stück aufzuhängen.

Ein Fortsatz durch die Augenhöhle, der andere durchs Rückgrat des Brassen – so müsste es halten!

Fotos: H. Jagusch

Der Glutkasten wird mit Spänen aus reinem Buchenholz zur Hälfte gefüllt.

re selbst gebundene Fliege erwischt haben. Dann die Aale, die uns nächtelang beschäftigt haben und für die roten Ringe unter unseren Augen im morgendlichen Büroalltag verantwortlich waren. Um Gottes Willen! Die Äsche! Zum Glück ist sie nicht abgefallen. Mit Wohlgefallen ertasten wir den noch warmen Fisch und legen ihn behutsam aufs Tablett. Dann müssen auch die beiden Brassen noch raus: „Naja, die Farbe haben sie auch ganz schön angenommen. Einen schenk' ich Horst, der mag doch auch Räucherfisch!"
Noch warm wird im Kreise der Familie die S-Klasse verspeist. „Hmmmm" und „Ohhhhh" und „Das hast Du toll gemacht Schatz – mein Meisterkoch!" Räuchern ist was fürs Ego!
Noch schnell ein Malteser und ab zu Horst. „Hey, ich hab' was für Dich!" Räuchern ist was für die Nächstenliebe! „Hm, den anderen Brassen kann ich ja Morgen-Abend mal probieren." Der Tag danach neigt sich dem Ende. Die Freundin hat sich eine Pizza in den Ofen geschoben. „Iss' die mal alleine, ich hab' ja noch einen Rest von Gestern!" Im Brotkasten liegt ein Kanten altbackenes Roggenbrot.
Schön fest ist das Fleisch geworden. Ohne Mühe löse ich die Rückenfilets vom grätigen Gerippe. Auch die Bauchgräten lassen sich einfach entfernen. Butter aufs Brot, Brassen drauf und rein damit. So muss sich die Prinzessin gefühlt haben, als sie den Frosch geküsst hat!
Das Telefon klingelt: „Horst hier. Du kennst doch da 'ne Stelle mit großen Brassen..."

*Jörg Strehlow*

Mit zwei Bierdeckeln wird das Räuchermehl entzündet, der Glutkasten in den Ofen geschoben und die Tür hinter den Brassen geschlossen.

Unser BLINKER-Fotograf Heinz Jagusch strahlt nach einer Stunde Räucherzeit bei 60 bis 80 Grad zufrieden in den Selbstauslöser. Der alte Hase weiß, wie Räucherbrassen schmecken!

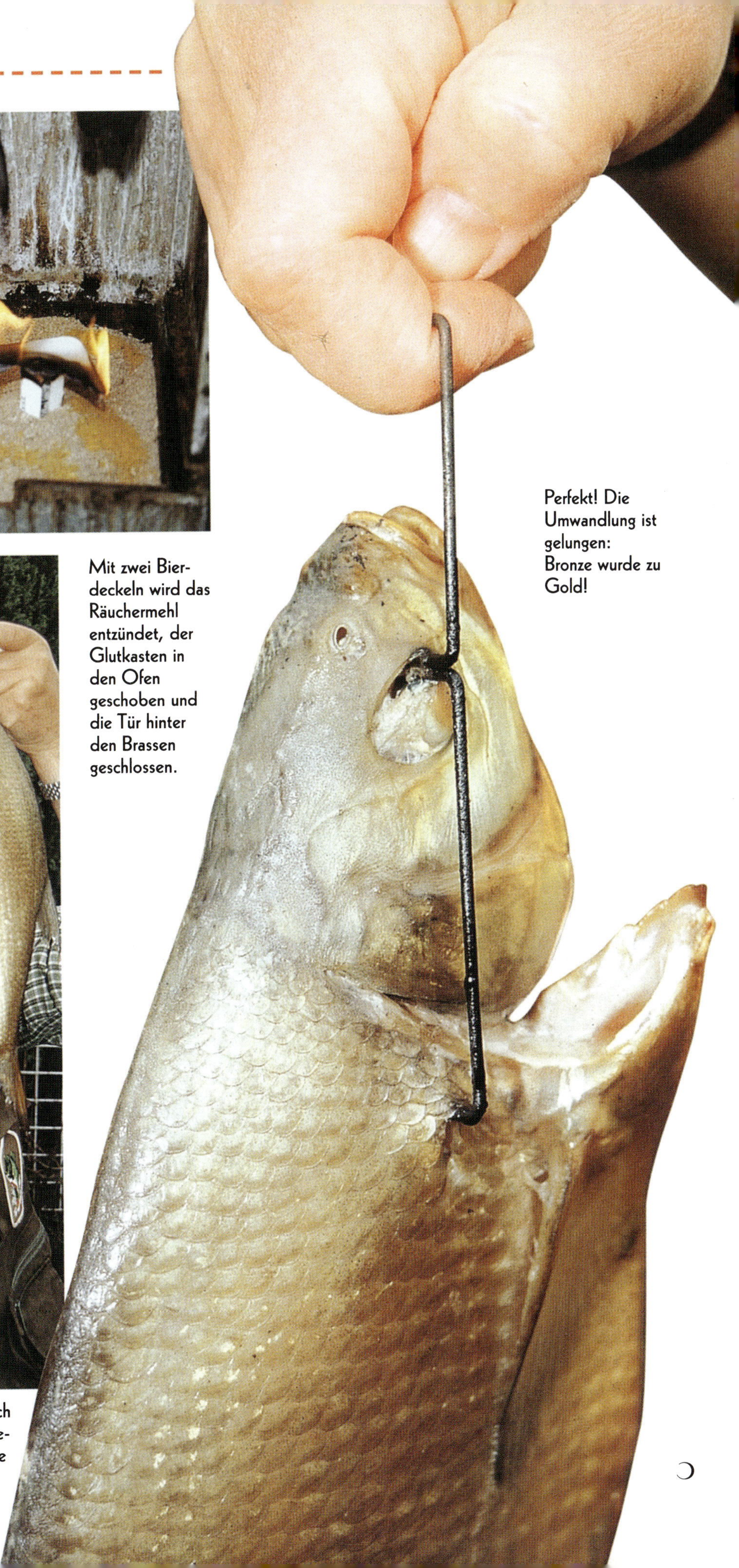

Perfekt! Die Umwandlung ist gelungen: Bronze wurde zu Gold!

# Kultfisch Forelle

Als Räucherfisch hat die Forelle längst Kultstatus erreicht. Wie einfach Sie diesen goldenen Happen selbst zubereiten können, zeigen wir Ihnen in einer detaillierten Fotoserie.

Von
Dr. Peter Wondrak

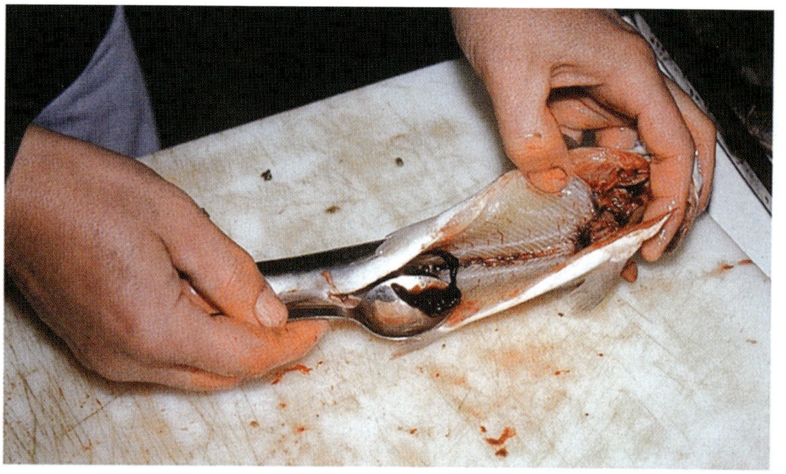

Zunächst wird die Forelle sauber ausgenommen. Bitte entfernen Sie auch die Kiemen und kratzen Sie die Niere sorgfältig mit einem Teelöffel aus.

So kennen und schätzen wir sie – die duftende, goldgelbe Räucherforelle.

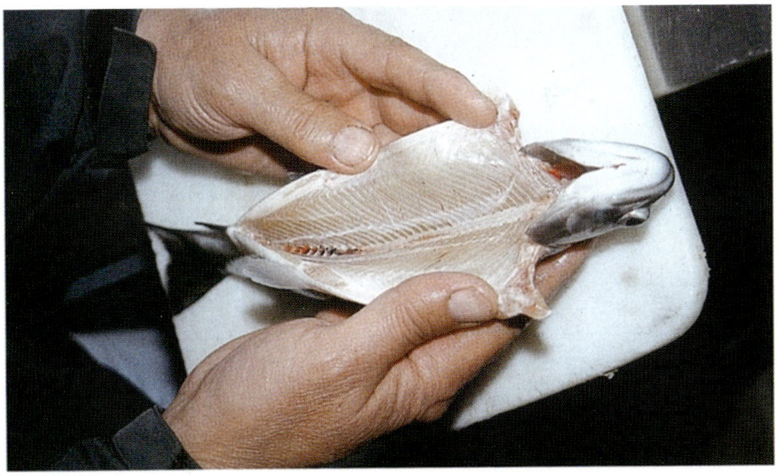

So sollte die Forelle aussehen, bevor sie ins Salzbad wandert – blitzsauber!

Wir setzen eine 6-prozentige Salzlake an, also 60 Gramm Salz auf einen Liter Wasser für ein Kilo Fisch.

Gefrorene Forellen können Sie ebenfalls in die Salzlake geben. Aber bitte nur Fische, die Sie vor dem Einfrieren sauber ausgenommen haben!

Nach einer 10- bis 12-stündigen Ruhezeit an einem kühlen Ort werden die Fische aus der Lake entnommen und nochmals gründlich abgewaschen.

So werden Portions-Forellen auf einen Räucherhaken mit doppeltem Dorn gesteckt.

Zum Trocknen hängen wir die Fische an einen luftigen, schattigen Platz, bis die Haut nicht mehr tropfnass ist.

Jetzt werden die Forellen in den Ofen gehängt.

Bei ordentlich Feuer und geöffnetem Räucherofen lassen wir die Fische etwa 20 Minuten lang trocknen, bis sich ihre Haut pergamentartig anfühlt.

Danach wird der Ofen geschlossen und bei gedrosseltem Abzug auf mindestens 70 und höchstens 100 Grad aufgeheizt. In dieser Temperatur garen die Forellen 20 Minuten lang. Danach wird der Abzug geschlossen, etwas Holz nachgelegt und etwa eine Stunde lang bei 40 bis 50 Grad geräuchert.

Garprobe: Wenn sich die Rückenflosse leicht lösen lässt, ist die Forelle „durch".

Wenn Ihre Gäste nicht so geübt im Zerlegen von Fischen sind, sollten Sie die Forellen filetieren. Trennen Sie zunächst den Kopf des Fisches ab.

Jetzt lösen Sie die Haut mit einem scharfen Messer entlang des Rückens.

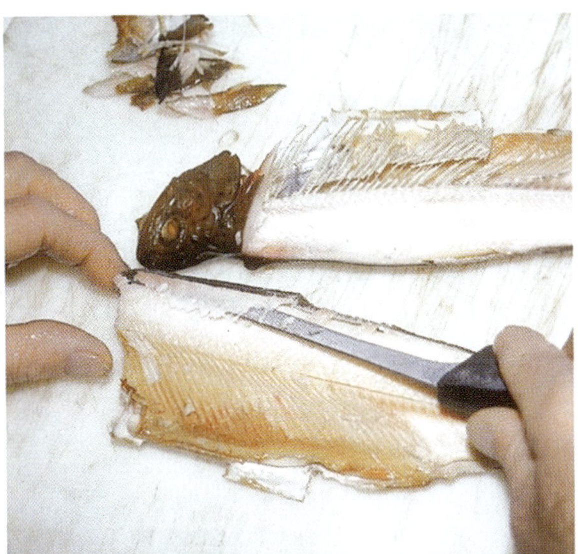

Die Filets werden vorsichtig von den Gräten gelöst und der Grätenstrahl am Rücken wird entfernt.

Fotos: JSTR

Ihr zartes Aroma behalten die Filets am besten, wenn Sie sie in Frischhaltefolie einschlagen und im Kühlschrank lagern. Außerdem nimmt der Inhalt Ihres Kühlschrankes so nicht das Raucharoma an!

# Karpfen delikat

Karpfen blau oder frittiert – so schmeckt er den meisten Fischessern am besten. Aus Franken haben wir Ihnen eine Spezialität mitgebracht, die für Auge und Gaumen gleichermaßen eine Freude ist: geräucherten Karpfen.

Von Dr. Peter Wondrak

Die sind genau richtig! Karpfen von drei bis vier Pfund Gewicht aus einem sauberen, klaren Gewässer sind vorzüglich zum Heißräuchern geeignet.

Der Bauch des Karpfens wird aufgeschnitten, die Innereien werden entfernt und Blut und Schleim gründlich unter fließendem Wasser abgespült.

Mit einem starken Fleischermesser wird der Karpfen vom Kopf her in sieben bis acht Zentimeter starke Scheiben geschnitten.

Guten Appetit! Dazu passen ein fruchtiger Weißwein und ein schöner Kanten frisches Bauernbrot.

Kopf und Schwanz werden ebenfalls zum Räuchern aufbewahrt – sie werden auf jeder Fischplatte zu einem echten Blickfang!

Die Karpfenstücke kommen in eine 6-prozentige Salzlake. Für ein Kilo Fisch nehmen wir einen Liter kaltes Wasser. Je Liter Wasser lösen wir 60 Gramm Salz (= 6 Prozent) auf. Wir lassen die Kunststoff-Wanne mit den eingelegten Karpfenstücken zehn bis zwölf Stunden an einem kühlen Ort stehen.

➢

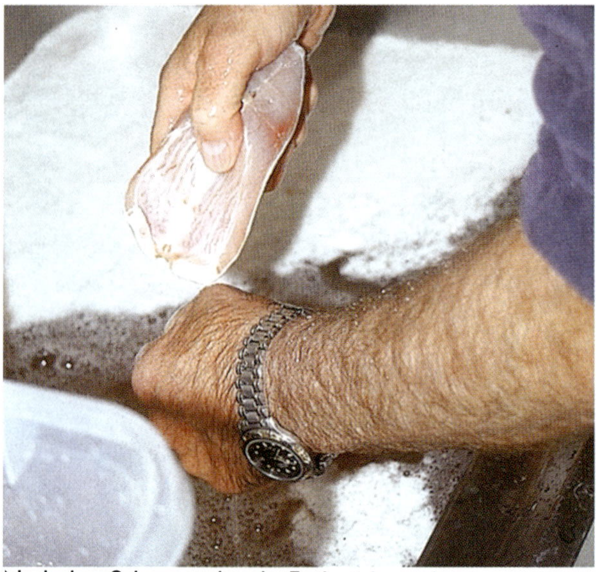

Nach dem Salzen werden die Fischstücke nochmals gründlich gewaschen und vom Schleim befreit.

Die Karpfenscheiben und die Köpfe werden durchs Rückgrat auf einen Dorn der Räucherhaken gesteckt.

Fotos: JSTR

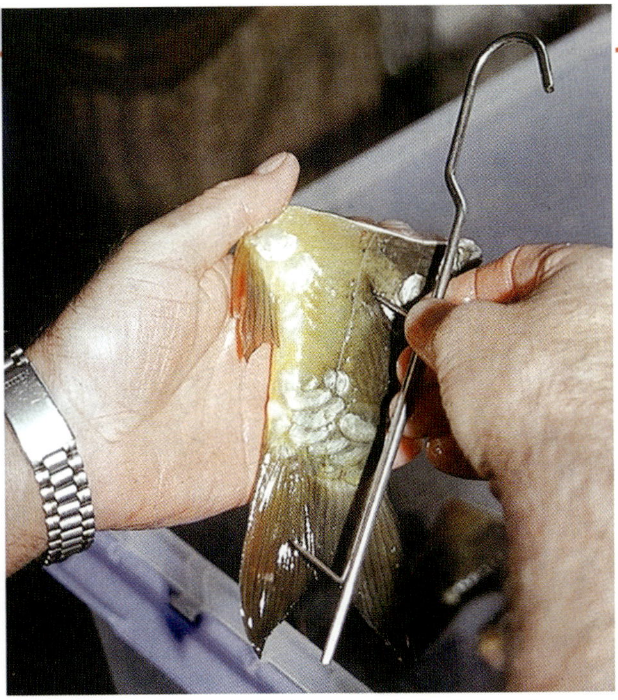

Beim Schwanzstück wird der Dorn seitlich durch die zähe Lederhaut bis durch das Rückgrat geschoben.

Schon im rohen Zustand macht einem die satte, rosige Farbe der Karpfenstücke Appetit.

Die Fischstücke wurden an der Luft gründlich getrocknet und werden nun in den kalten Ofen gehängt.

Beim Anzünden des Feuers sind Ofentüre und Abzug geöffnet. Wir lassen die Fische jetzt erst mal zwanzig Minuten bei geöffnetem Ofen trocknen, bis sie sich nicht mehr feucht anfühlen.

Weiteres Holz wird nachgelegt, der Ofen geschlossen und der Abzug gedrosselt. Dann wird etwa 20 Minuten lang bei mindestens 70 und höchstens 100 Grad gegart. Danach wird das Feuer erstickt und die Fische werden bei 40 bis 50 Grad eine Stunde lang geräuchert – bis sie so lecker aussehen!

# Der Räucher-Guru

Bernhard Feldmann bereichert seit vielen Jahren die Räucherszene auf Messen und mit Schulungen. In vielen Vorgärten qualmen seine Öfen, und es duftet nach seinen eigens kreierten Gewürzmischungen. Wir haben dem „Räucher-Guru" über die Schulter geschaut.

Von Jörg Strehlow

Die gesalzenen Forellen werden durch Augenhöhle und Rückgrat auf einen speziellen Räucherhaken gesteckt.

So hält der Portionsfisch sicher am Haken.

Bei Bernhard Feldmann zu Hause im schönen Sauerland: Der Räucherofen qualmt hier besonders häufig!

Die Fische werden gründlich an einem schattigen und luftigen Platz getrocknet und anschließend in den kalten Ofen gehängt.

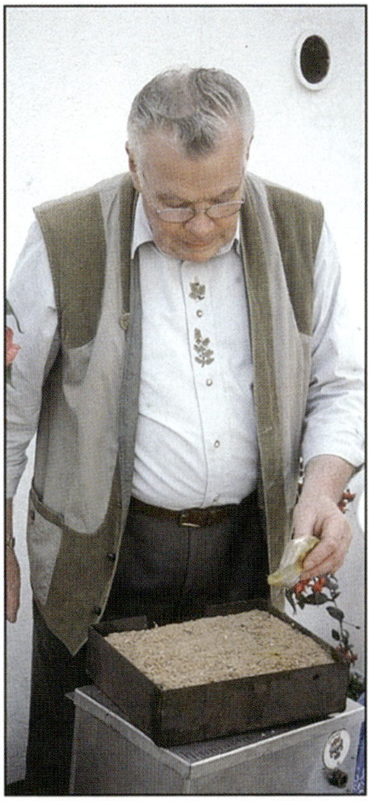

Bernhard Feldmann hat den Glutkasten seines Ofens bis knapp unter den Rand mit Räuchermehl gefüllt und streut nun sein geliebtes Räuchergewürz darüber.

Der Bierdeckel-Trick: Zwei Bierdeckel werden zu Rollen geformt und bis zum Boden ins Räuchermehl gesteckt. Ein weiterer Bierdeckel wird halbiert, angezündet und oben auf die Rollen gelegt.

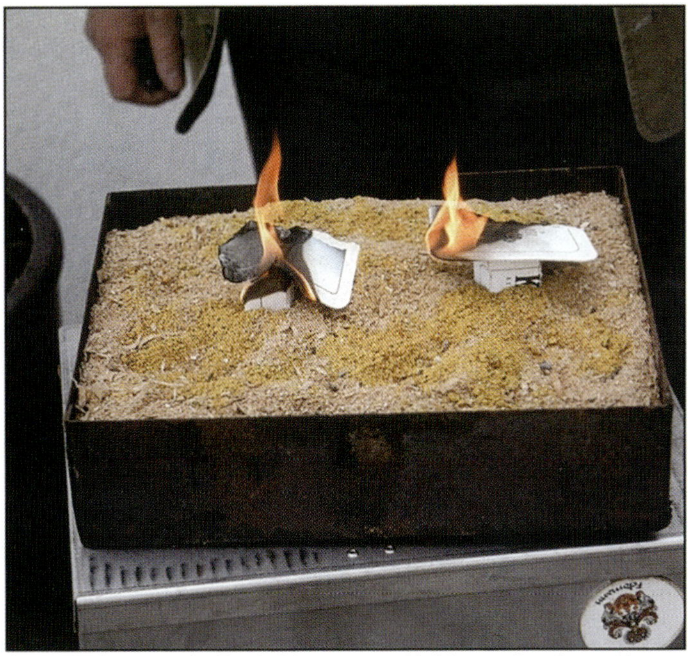

Langsam brennen die Deckel herunter und bilden im Räuchermehl zwei Glutherde.

Wenn das Mehl begonnen hat zu glimmen, schieben wir den Glutkasten in den Ofen.

Jetzt wird das Abtropfblech eingeschoben, damit das Fischfett nicht im schwelenden Räuchermehl verbrennt.

Das Schöne an dieser Methode: Sie schließen einfach die Ofentür, öffnen seitlich den Rauchschieber ein wenig, und warten etwa vier Stunden lang ab – ohne den Räuchervorgang überwachen zu müssen! Danach sind die Fische gar. Übrigens: Als Zubehör für diesen Ofen gibt's auch einen langen Unterbau zum Aale-Räuchern und sogar einen Grill-Aufsatz!

Mit der Garprobe vergewissern wir uns über den Erfolg unseres Räucherganges – perfekt!

Leckere Sauerländer Regenbogenforellen! Ein bisschen Meerrettich, eine Scheibe frisches Brot, ein Bier - und die Schlemmerei kann losgehen.

Bei Feldmanns geht's gesellig zu. Kein Wunder, wenn so häufig frischer Räucherfisch auf dem Tisch landet.

Im Feldmann-Ofen kann man auch mit gutem Erfolg kalt räuchern. Der Trick: Das Räuchermehl wird fest zusammengedrückt und eventuell mittels einer Sprühflasche noch ein wenig mit Wasser besprüht.

Nur ein Bierdeckel wird in der hinteren Ecke des Glutkastens eingesteckt. So schwelt das Mehl nur langsam durch, ohne Temperaturen über 30 Grad zu entwickeln.

Frühestens nach zehn Stunden sollten Sie den kalt geräucherten Fisch kosten – je länger er im kalten Rauch hängt und Sie sich beherrschen, desto besser!

Fotos: JSTR

# Keine Angst

Wenn Ihnen angesichts kalt geräucherter Lachsfilets das Wasser i
Räuchermethode von der Stirn rinnt, bleiben Sie gelassen: Auch d

Was verbirgt sich eigentlich hinter dem Begriff des „Kalträucherns"? Bei dieser Räuchermethode, die übrigens älter ist als das populäre Heißräuchern, lagern die Filets mindestens 12, besser aber 24 bis 36 Stunden lang mit einer Mischung aus Zucker und Salz (Verhältnis: 100 Gramm Zucker auf 70 Gramm Salz). Brauner Rohrzucker und grobes Meersalz haben sich in der Praxis gut bewährt. Je nach Geschmack können Sie auch noch etwas Pfeffer zugeben.

Danach erfolgt das Räuchern mit „kaltem" Rauch. Das bedeutet, dass die Temperatur im Ofen nicht über 25 Grad Celsius ansteigen sollte. Offenes Feuer muss dabei unbedingt vermieden werden. Man hält das Räuchermehl nur am

Foto: A. Burgheim

Ein strammer Wildlachs – den könnte man doch mal kalt räuchern!

Fotos (7): Horst Hansen

Der Fisch wird filetiert, die Bauch- und Rückengräten werden gezogen und das Filet gründlich abgetupft.

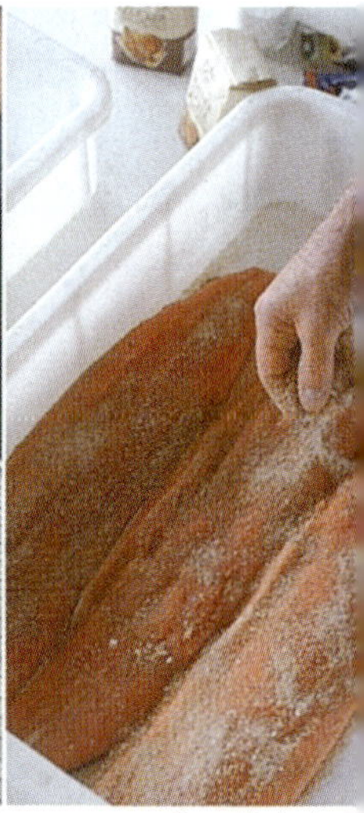

In einem großen Behälte
Filets nun üppig mit der Z

Wenn die Filets mindestens 12 Stunden lang gereift sind, wird das Kalträuchern vorbereitet.

# vorm Kalträuchern

ᐱunde zusammenläuft, Ihnen aber gleichzeitig der kalte Schweiß aus Angst vor der aufwändigen altträuchern von Fisch ist kein Hexenwerk.

Schwelen und verzichtet auf eine Anfeuerung durch Holzscheite. Am besten schwelt feines Räuchermehl (Buche ist ideal), wenn Sie es am Rande mit einem Bierdeckel entzünden und vorher fest mit der Hand im Glutkasten andrücken. Auch ein bisschen Wasser aus der Sprühflasche kann nicht schaden.

Nach 12 bis 14 Stunden ist der Räuchervorgang beendet. Es schadet aber auch nichts, wenn Sie den Schwelbrand im Ofen einen oder zwei Tage lang aktiv halten. Dann nimmt das Filet den würzigen Rauch noch besser an. Starker Durchzug (Kamineffekt) im Ofen würde das Räuchermehl zu schnell verbrennen lassen und eine zu hohe Temperatur erzeugen. Deshalb sollte der Ofen nur minimal belüftet werden, um das Schwelen gerade eben aufrecht zu halten.

Tolle Ergebnisse erhalten wir mit Filets von Lachs, Meerforelle, großen Regenbogenforellen und sämtlichen Störartigen. Aber auch ein kerniges Karpfenfilet (Karpfenschinken) Makrelen und alle Salmoniden können vorzüglich kalt geräuchert und anschließend in dünne Scheiben aufgeschnitten werden.

Und: Hört sich das so schwierig an? Na also – Rauch frei!

ststoff werden die -Mischung bestreut.

Alles wird sorgfältig mit Frischhaltefolie abgedeckt und an einen kühlen Platz (Keller) gestellt.

Die Flüssigkeit läuft am besten ab, wenn Sie den Behälter ein wenig gekippt aufstellen.

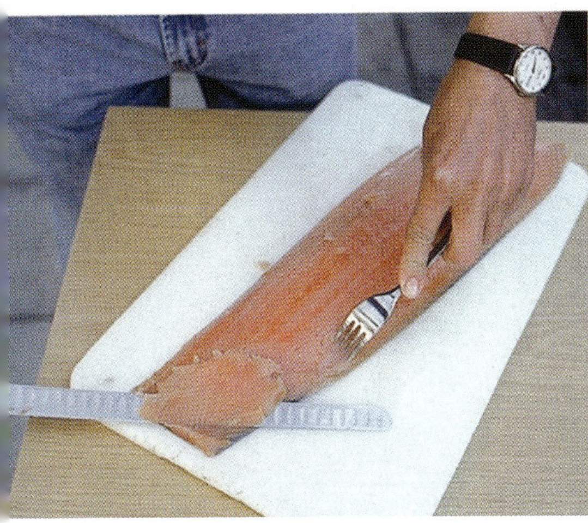

Wiederum 12 Stunden später kann das Festmahl beginnen. Tipp: Schneiden Sie die Scheiben nicht zu dünn!

Das Beste für die Gäste: selbstgefangen und selbstgeräuchert!

Foto: R. Schmidt

Das Filet eines starken Karpfens wird im kalten Rauch zum leckeren Karpfenschinken.

# Nicht nur Fisch

Wie gemalt!
Am besten passen dazu ein kühles Bier, kräftiges Bauernbrot und ein wenig Senf!

**Wer einen Räucherofen zu Hause hat, wird natürlich bevorzugt Fische darin zubereiten. Aber auch Hähnchen, Bauchfleisch, Kartoffeln und sogar Käse lassen sich vergolden!**

Liebhaber von Räucherfisch haben in aller Regel auch nichts gegen herzhaft geräuchertes Fleisch einzuwenden. Käse, Geflügel und Kartoffeln aus dem Rauch dürften für die meisten von Ihnen jedoch völlig neu sein. Wir haben den Räucherofen-Hersteller Bernhard Feldmann im Sauerland besucht, um diese außergewöhnlichen Leckereien für Sie zu testen. Und so viel gleich vorweg: Ich hätte mir an jenem Tag gewünscht, dass mein Rücken noch Bauch gewesen wäre - man konnte gar nicht mehr mit dem Essen aufhören!

Am einfachsten ist das Räuchern von Kartoffeln: Die werden nicht extra geräuchert, sondern als „Zugabe" zum Räuchergut in den Ofen gelegt. Dafür muss der Ofen

**Bernhard Feldmann mit seinem Leibgericht: Ein schönes Stück mariniertes Bauchfleisch wird in Kürze die Verwandlung zu einer deftigen Räucher-Delikatesse vollziehen.**

Fotos: JSTR

**Hähnchenkeulen aus dem heißen Rauch schmecken warm und kalt. Achten Sie aber unbedingt auf eine Räuchertemperatur um 100 Grad!**

**Kartoffeln als Beilage werden einfach während des Räucherns in den Ofen gelegt.**

mit einem Einlegerost ausgestattet sein, auf dem die rohen Kartoffeln liegen können. Wenn Sie nach etwa vier Stunden den Fisch aus dem Feldmann-Ofen nehmen, sind die Kartoffeln gar und haben ein herrlich zartes Raucharoma angenommen.

Auch das Räuchern von Käse ist kinderleicht und bedarf keiner Vorbereitung: Nehmen Sie einen jungen Appenzeller, Edamer oder Gouda und lassen Sie ihn zwei Stunden lang auf dem Gitterrost im Rauch liegen. Sie müssen nur darauf achten, dass die Räuchertemperatur immer um die 40 Grad liegt, sonst läuft Ihnen der Käse weg! Natürlich können Sie auch mit anderen Käsesorten experimentieren - unser Favorit war eindeutig der Appenzeller.

Zum Geflügel: Zum Räuchern eignen sich Hähnchen- und Putenteile. Die werden vorher nach Belieben gesalzen und gewürzt. Lassen Sie die Würze ruhig ein oder zwei Stündchen einziehen. Beim eigentlichen Räuchern ist es wichtig, dass das Geflügel auch im Kern durchgegart wird. Dazu muss eine Temperatur um 100 Grad für eine gute Stunde im Ofen gehalten werden. Bernhard Feldmann bietet dafür als Zubehör eine elektrische Heizschlange und ein Thermostat an, auch ein zuverlässiges Thermometer ist als Zubehör erhältlich (Tel.: 0 27 24 - 2 77, Fax: 0 27 24 - 87 66, Internet: www.raeucheroefen.de). Die besten Ergebnisse erzielten wir aber mit einer speziellen Räucherholz-Gewürzkohle, die Herr Feldmann selbst herstellt. Damit wird der Glutkasten des Ofens bis zum Rand gefüllt und mit einem Bierdeckel entzündet.

Wenn Sie Rauchfleisch in Eigenproduktion herstellen möchten, dauert das Räuchern mit der Gewürzkohle etwa drei Stunden. Sie brauchen dafür durchwachsenes Bauchfleisch, dass Sie vorher marinieren (nicht mit Knoblauch sparen!) und drei Tage lang im Kühlschrank durchziehen lassen. Danach wird das Fleisch unter fließendem Wasser abgewaschen und an einer kräftigen Kordel in den Rauch gehängt.

Ich kann Ihnen nur raten, diese delikaten Räucherwaren einmal selbst zu Hause herzustellen. Eine willkommene Abwechslung zu Aalen und Forellen ist das allemal!

*Jörg Streblow*

**Käse im Räucherofen - die Temperatur während des Räucherns sollte nicht über 45 Grad steigen.**

**Handwarm, duftend und goldgelb - Käse aus dem Räucherofen ist ein ganz neues Geschmackserlebnis.**

# Einer für alle

Mögen Sie leckeren, fein geräucherten Fisch? Aber das Räuchern macht Ihnen zu viel Arbeit? Der Kreisfischereiverein Füssen bietet seinen Mitgliedern eine tolle Alternative zum „selber Räuchern".

Die Füssener Angler geben ihren Fang einfach Donnerstag-Nachmittag ab und nehmen am Freitag-Mittag die Fische duftend geräuchert wieder mit! Natürlich muss auch hier jemand die Arbeit machen. Vereinsmitglied und Hobby-Räucherer Herbert Wölfle macht das mit wachsender Begeisterung für seine Angel-Kollegen. Seine langjährige Erfahrung garantiert ein optimales Räucher-Ergebnis für alle Fischarten und -größen. Genau darin liegt ja die Schwierigkeit: Das Räuchern verschieden großer Fische in einem Arbeitsgang!

Wichtig ist, dass das Rückgrat der Fische unbeschädigt bleibt. Sonst fällt der Fisch, sobald er gar wird, unweigerlich vom Räucherhaken. Außerdem entfernen die Angler die Kiemen ihrer Fische. Wölfle mahnt nämlich: Beim Heißräuchern laufen die Kiemen aus und das gibt schmierige Streifen auf der Fischhaut!

Jeder markiert seine Fische, um sie hinterher zweifelsfrei wieder zu finden. Wölfle werden alle Fische der Region anvertraut. Von A wie Aal bis Z wie Zander. Aber vor allem Renken, Bach- und Regenbogenforellen, Saiblinge und vereinzelt Äschen. Auch Brassen, Karpfen und Schleien landen im heißen Rauch.

Kleinere Fische werden immer am Stück geräuchert, größere müssen gehälftet werden.

Die meist tiefgefrorenen Fische werden zunächst in klarem Wasser aufgetaut. Das dauert je nach

Morgens um Sieben in Füssen: Die Fische lagen über Nacht in einer 7,5-prozentigen Salzlake. Jetzt werden sie noch mal gründlich gewaschen.

Rechts: Herbert Wölfle in Aktion: Mit Handschuhen packt er die heißen Räucherstangen aus dem Ofen. Daran hängt der Fang der Füssener Angler.

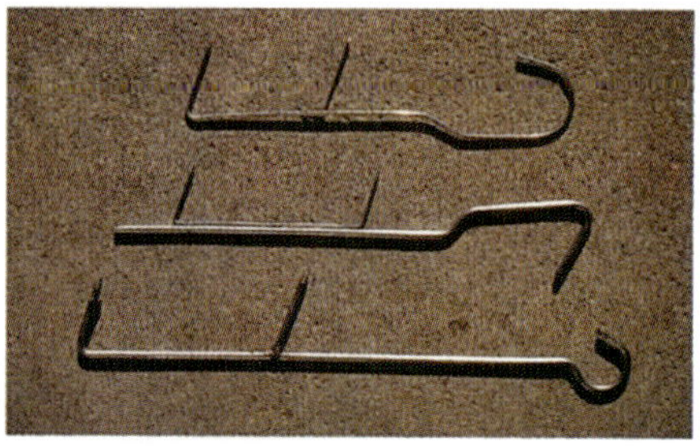

Fische verschiedener Größe und Konsistenz verlangen nach unterschiedlichen Räucherhaken.

Für diese dicke Regenbogenforelle ist der größte Haken gerade gut genug.

Diese Schleie kommt mit einem kleineren Räucherhaken aus.

Größe der Fische bis zu sechs Stunden. Danach werden die Fische in einer Salzlake eingelegt. Dabei kommen 75 Gramm Salz auf einen Liter kaltes Wasser. Alle Fische verbringen nun gemeinsam die Nacht in dieser Lake: Von abends 18 Uhr bis morgens um 7 Uhr. Egal, ob der Fisch groß oder klein, dick oder dünn ist: Alle nehmen sie die gleiche Salzwürze an. Am nächsten Morgen werden die Fische unter fließendem Wasser gewaschen. Dabei werden besonders die Bauchlappen gesäubert, um dort das Salz etwas herauszuziehen. Gleichzeitig werden Blut- und Schleimreste mit abgewaschen.
Die gesäuberten Fische werden direkt auf einen passenden Räucherhaken gespießt und zum Trocknen an einen schattigen, luftigen Platz gehängt. Das ist unbedingt notwendig: Feuchte Fische werden im Räucherofen blass und bekommen keinen rechten Glanz. Wenn die Zeit mal drängt, können die Fische auch direkt im Räucherofen bei offener Tür über dem Feuer trocknen.

## Die Hitze bleibt drin

Für das Feuer wird ausschließlich Buchenholz verwendet. Einige etwas kleinere Späne werden mit einem elektrischen Grillanzünder in kürzester Zeit in Brand gesetzt. Dickere Stücke folgen. Dabei hat Wölfle den Glutkasten ein wenig aus dem Ofen herausgezogen, damit das Feuer besseren Zug bekommt. Während das Feuer durchbrennt und sich langsam die Glut bildet, trocknen darüber die Fische bei offener Tür völlig ab. Wenn das Holz zu Glut geworden ist, wird der Kasten ganz in den Ofen geschoben und die Tür des Räucherofens geschlossen. Jetzt wird eine Stunde lang bei 80 Grad gegart. Dabei bleibt die Tür unbedingt geschlossen. Ein Öffnen würde einen sofortigen Hitzeverlust bedeuten und die Garzeit wäre ein reines Glücksspiel.
Nach einer Stunde Garzeit räuchert Wölfle seinen Ofen für das richtige Aroma noch mal so gehörig ein. Dazu werden trockenen Wacholderzweige in kleinere Stücke

**Die Fische werden zum Trocknen über einen Holzbock gehängt. Ideal ist ein schattiges Plätzchen mit Zugluft.**

**Rechts: Wenn der Finger nicht mehr an der Haut klebt, ist das Trocknen vorbei. Je nach Witterung kann das drei, vier Stunden dauern.**

**Links: Ganz schön fleißig, die Füssener Angler! An diesem Freitagmorgen ist kein Plätzchen mehr frei in Wölfles Räucherofen.**

Mit einem handelsüblichen Elektroanzünder entfacht Wölfle die Holzscheite aus Buchenholz.

Rechts: Bei geöffneter Ofentür wird das Feuer angeheizt. Der Glutkasten steht dabei nur ein Stückchen weit im Ofen – so gibt's richtig Durchzug!

Wenn das Holz völlig verglüht ist, wird der Glutkasten eingeschoben, die Ofentür geschlossen und die Fische werden eine Stunde lang bei 80 Grad gegart.

Nur der Qualm aus dem Schornstein verrät, was sich im Ofen abspielt. Reinschauen ist streng verboten! Schließlich muss der Ofen die Hitze halten.

Vorbereitung für die „Rauch-Phase": Frische Wacholder-Zweige werden in Wasser durchnässt.

gehackt und in einem Eimer mit Wasser eingeweicht. Die trockenen Zweige würden sonst sofort auf der Glut mit einer Stichflamme verbrennen - und die Fische gleich mit! Darum kommen sie nass auf die heruntergebrannte Glut. Die restliche Glut wird mit groben Buchenspänen abgedeckt. Nun steigt dichter Rauch aus dem Kamin des Ofens. Gleichzeitig nehmen die bereits garen Fische das würzige Aroma des Wacholder an und bekommen ihre herrliche, goldene Farbe. Dabei sackt die Temperatur des Ofens auf etwa 60 Grad ab.

Fotos: H. Jagusch

Nach einer Stunde Garzeit bekommen die Fische tüchtig Rauch: Dazu legt Wölfle die nassen Wachholder-Zweige in die Restglut.

Nach einer halben Stunde „Intensiv-Räuchern" wird erstmals die Tür geöffnet. Die kleinen Fische, die vorne im Ofen hingen, werden jetzt entnommen.

## Alles gar

Beim Bestücken des Ofens wurden die größten Fische nach hinten gehängt, dann die mittleren und ganz vorne die kleinsten.

Kleine Fische, wie etwa die Renken, bleiben jetzt nur noch eine halbe Stunde im Rauch und werden dann aus dem Räucherofen entnommen. Die größeren Fische und dicke Fischstücke werden nach dem Garen bis zu zwei Stunden im Rauch gelassen und nehmen eine herrliche, geldgelbe Farbe an.

Wichtig ist, dass Fische jeder Größe innen richtig saftig bleiben. Bleiben sie zu lange drin, werden sie trocken. Da kommt die langjährige Erfahrung von Herbert Wölfle voll zum Tragen. Ob klein oder groß, alle Fische werden perfekt gegart und sagenhaft schmackhaft.

Ich selber hatte mir eine 42 Zentimeter große Bachforelle mitträuchern lassen - einfach Klasse! Nach der Entnahme aus dem Ofen müssen die Fische nur noch gut abkühlen, dann kann jeder Angler seinen vergoldeten Fang mit nach Hause nehmen. Dort sind sie der Glanzpunkt für ein tolles, schmackhaftes Essen. Und schmecken wie „selber geräuchert"!

*Heinz Jagusch*

Jetzt wird alles noch einmal mit groben Buchenspänen abgedeckt. Es entsteht herrlich duftender Rauch!

Können Räucheraale besser aussehen?

Nach maximal zwei Stunden werden auch die größeren Fische aus dem Ofen entnommen – dieser Anblick macht Appetit!

Und wieder finden die Fische Platz auf dem Holzbock. Die hungrigen Füssener Angler können kommen!

Na, erkennen Sie die Fische wieder? Genau! Es handelt sich um die bunte Palette vom Anfang unserer Geschichte.

# So macht Grillen Spaß

Fische lassen sich ganz hervorragend grillen. Damit alles lecker schmeckt und gesund auf den Tisch kommt, haben wir Ihnen einige eiserne Grill-Regeln zusammengestellt!

Foto: J. Darling

Das Grillen kam noch vor dem Kochen. Man muss schon weit in die Urzeit zurückblicken, um sich mit den Anfängen des Grillens vertraut zu machen: Um ein loderndes Lagerfeuer kauern fellbekleidete Menschen mit Ästen in den Händen. Auf diese Astspieße stecken sie Stücke von frisch gefangenem Fisch oder selbst erlegtem Wild. Sie rösten das Fleisch im knisternden Feuer.

Zwar wird heutzutage aus gesundheitlichen und geschmacklichen Gründen kein Lebensmittel mehr direkt im offenen Feuer geröstet, aber den aufgespießten Fisch kennen vor allem Süddeutsche immer noch als Steckerlfisch. In der einfachsten Version nimmt man dafür pro Person eine frisch abgeschlagene Forelle oder Makrele (oder zwei Weißfische wie Rotaugen). Zwischen Kiemen und Bauchflossen einschneiden, dann ausnehmen. Weißfische sorgfältig schuppen. Alle Fische waschen und abtrocknen. Die Bauchhöhle kräftig salzen und pfeffern. Einen langen Holzstab oder einen gut entrindeten und gesäuberten dünnen Ast durch die Maulöffnung bis zum Schwanz hin durch den Fisch stecken. Die Haut dünn mit Öl einpinseln. Auf den Rost hoch über den heißen Grill legen, dabei öfter vorsichtig drehen. Nach 10 bis 15 Minuten ist der Fisch gar.

Ein ganzer Hecht zum Beispiel lässt sich ohne Schaden und Verdruss so leicht nicht grillen -das liegt auf der Hand, weil der Fisch dafür zu groß und das Fleisch zu weich ist. Aber im Prinzip kann man jeden Fisch auf dem Holzkohle- oder Elektro-Grill garen. Und zwar im Ganzen oder in Koteletts geschnitten.

Als die „Grillkunde" noch nicht so weit wie heute war, hieß es immer, der Fisch zum Grillen müsse geschmacksintensiv, fest im Fleisch und besonders fettreich sein. Die Makrele mit ihrem Fettgehalt von rund 15 Prozent erfüllt all diese Voraussetzungen. Deshalb ist sie bis heute einer der Grill-Favoriten unter den Fischen geblieben. Als weitere Renner fürs Grillen gelten hierzulande die sehr magere Forelle und der Dorsch, gefolgt von Heringen, Schleien, Brassen und Rotaugen.

Der Grund, weshalb man heute auch relativ fettarme und zartfleischige Fische verwendet: Es gibt viele Hilfsmittel, die diese

**Grillen gehört zu unseren liebsten Freizeitbeschäftigungen. Besonders zünftig ist eine duftende Grillmahlzeit natürlich direkt am Wasser!**

Fotos (2): R. Wiese

**Vor dem Grillen werden die Fische nach der „Drei-S-Methode" zubereitet: säubern, säuern, salzen.**

**Der Grillrost muss gut gefettet werden, damit die Haut der Fische nicht hängen bleibt.**

Große Fische wie dieser zehnpfündige Amur sind ein Blickfang auf dem Grill. Schön langsam muss so ein Brocken garen, damit er außen nicht verbrennt.

Fotos (3): R. Schmidt

➢

Schwächen ausgleichen können. Mit Grillschale, Fischgriller, Folien, Gewürzen und Ölen wird jeder Fisch fit für den Grill.

## Das richtige Plätzchen

Den meisten Spaß hat man beim Grillen im eigenen Garten. Nicht nur, weil man dort am gemütlichsten sitzt und alles, was man braucht, weitgehend griffbereit hat. Denn im Idealfall wohnt der nächste Nachbar eine ganze Ecke weiter. Und wenn's im näheren Umkreis doch jemanden geben sollte, der sich gestört fühlen könnte, wird er einfach mit eingeladen!
Noch ein Plus für den Garten: Wenn's regnet, kann man drinnen weiterfeiern. Denn alle Fische können auch in der Küche im Backofen oder im Elektrogrill zubereitet werden.
Draußen in der Natur - an See und Strand, im Wald und auf der Wiese - wird's schon schwieriger, weil jedes Fleckchen Erde irgendjemanden gehört. Da muss man sich beim Eigentümer, bei Land oder Gemeinde erkundigen, ob das Grillen erlaubt ist. Das ist umständlich, und man wird nicht immer positiv beschieden.
Besser: Man macht es sich auf einem der vielen öffentlichen Grillplätze bequem. Die gibt es überall zwischen Flensburg und dem Bodensee. Die Benutzung ist kostenlos, und Grillvorrichtungen sowie provisorische Sitzplätze findet man dort fest installiert.

## Respekt vorm Feuer

Ganz gleich, ob der Grill nach Pfadfinderart nur aus Steinen, Holzkohle und einem Rost besteht oder ob es sich um ein üppiges Luxusgerät handelt: Bei keinem Grill-Typ ist Sicherheit automatisch mit eingebaut. Darum sind folgende Punkte zu beachten: Windgeschützt sollte der Grill stehen. Das ist wichtig, weil der Wind die Hitze verstärkt und Funkenflug verursachen kann.
Sorgen Sie für Standfestigkeit: Es wäre schade und gefährlich, wenn das Gerät umkippen würde, nur weil zum Beispiel der Rost ungleichmäßig belastet ist.
Brennspiritus muss mit allergrößter Vorsicht gehandhabt werden. Wenn überhaupt, dann so verwenden: Über die (kalte!) Holzkohle etwa eine halbe Suppenkelle voll Spiritus gießen. Kurz warten, bis die Flüssigkeit eingezogen ist. Dann mit einem langen Fidibus aus Zeitungspapier mit gestrecktem Arm anzünden - Vorsicht vor der Stichflamme! Zum Nachgießen wieder die Kelle, niemals die ganze Flasche nehmen! Übrigens: Besser zum Entflammen und Durchbrennen sind Zündwürfel oder dickflüssiges Spiritus-Gel geeignet. Das kann man in Haushaltswarengeschäften oder in den Fachabteilungen der Kaufhäuser bekommen.
Kinder haben im näheren Umkreis des Grills nichts zu suchen. Ihre Unbekümmertheit könnte ihnen dabei nämlich zum Verhängnis werden. Die Kleinen bitte auch nicht als Hilfskräfte werkeln lassen!
Schutzhandschuhe, die hitzebeständig sind, gehören natürlich zur Grundausstattung.
Ebenso ein oder zwei Heber mit langem Stiel, um den Fisch vom Rost zu ziehen. Eine Zange hilft beim Wenden.

**Der einfachste Grill der Welt: Ein kleines Feuerchen und darüber, auf einen Stock gespießt, der frische Fisch.**

Schwächen ausgleichen können. Mit Grillschale, Fischgriller, Folien, Gewürzen und Ölen wird jeder Fisch fit für den Grill.

### Das richtige Plätzchen

Den meisten Spaß hat man beim Grillen im eigenen Garten. Nicht nur, weil man dort am gemütlichsten sitzt und alles, was man braucht, weitgehend griffbereit hat. Denn im Idealfall wohnt der nächste Nachbar eine ganze Ecke weiter. Und wenn's im näheren Umkreis doch jemanden geben sollte, der sich gestört fühlen könnte, wird er einfach mit eingeladen! Noch ein Plus für den Garten: Wenn's regnet, kann man drinnen weiterfeiern. Denn alle Fische können auch in der Küche im Backofen oder im Elektrogrill zubereitet werden.
Draußen in der Natur - an See und Strand, im Wald und auf der Wiese - wird's schon schwieriger, weil jedes Fleckchen Erde irgendjemanden gehört. Da muss man sich beim Eigentümer, bei Land oder Gemeinde erkundigen, ob das Grillen erlaubt ist. Das ist umständlich, und man wird nicht immer positiv beschieden.
Besser: Man macht es sich auf einem der vielen öffentlichen Grillplätze bequem. Die gibt es überall zwischen Flensburg und dem Bodensee. Die Benutzung ist kostenlos, und Grillvorrichtungen sowie provisorische Sitzplätze findet man dort fest installiert.

### Respekt vorm Feuer

Ganz gleich, ob der Grill nach Pfadfinderart nur aus Steinen, Holzkohle und einem Rost besteht oder ob es sich um ein üppiges Luxusgerät handelt: Bei keinem Grill-Typ ist Sicherheit automatisch mit eingebaut. Darum sind folgende Punkte zu beachten: Windgeschützt sollte der Grill stehen. Das ist wichtig, weil der Wind die Hitze verstärkt und Funkenflug verursachen kann.
Sorgen Sie für Standfestigkeit: Es wäre schade und gefährlich, wenn das Gerät umkippen würde, nur weil zum Beispiel der Rost ungleichmäßig belastet ist.
Brennspiritus muss mit allergrößter Vorsicht gehandhabt werden. Wenn überhaupt, dann so verwenden: Über die (kalte!) Holzkohle etwa eine halbe Suppenkelle voll Spiritus gießen. Kurz warten, bis die Flüssigkeit eingezogen ist. Dann mit einem langen Fidibus aus Zeitungspapier mit gestrecktem Arm anzünden - Vorsicht vor der Stichflamme! Zum Nachgießen wieder die Kelle, niemals die ganze Flasche nehmen! Übrigens: Besser zum Entflammen und Durchbrennen sind Zündwürfel oder dickflüssiges Spiritus-Gel geeignet. Das kann man in Haushaltswarengeschäften oder in den Fachabteilungen der Kaufhäuser bekommen.
Kinder haben im näheren Umkreis des Grills nichts zu suchen. Ihre Unbekümmertheit könnte ihnen dabei nämlich zum Verhängnis werden. Die Kleinen bitte auch nicht als Hilfskräfte werkeln lassen!
Schutzhandschuhe, die hitzebeständig sind, gehören natürlich zur Grundausstattung.
Ebenso ein oder zwei Heber mit langem Stiel, um den Fisch vom Rost zu ziehen. Eine Zange hilft beim Wenden.

**Der einfachste Grill der Welt: Ein kleines Feuerchen und darüber, auf einen Stock gespießt, der frische Fisch.**

Große Fische wie dieser zehnpfündige Amur sind ein Blickfang auf dem Grill. Schön langsam muss so ein Brocken garen, damit er außen nicht verbrennt.

Fotos (3): R. Schmidt

➢

-Weißwein, Öl, Dill und Knoblauch.
-Zitronensaft, Öl, provenzalische Kräuter (Thymian, Oregano, Rosmarin).
-Essig, Öl, Sojasauce, und zerbröckelte Chilischoten.
-Zitronensaft, Öl, Currypuder und Ingwer.
-Essig, Öl, Tomatenketchup und Tabasco.
-Weißwein, Öl, Sherry (oder Weinbrand) und Meerrettich.
-Essig, Öl, Senf und frisch gemahlener schwarzer Pfeffer.

## Leckere Soßen

Da wir Deutschen ein Volk von Soßenliebhabern sind, kommt auch zum Gegrillten immer eine Beigabe auf den Tisch. Das spielt bereits bei der Zusammensetzung der Marinade eine wichtige Rolle! Denn sie sollte mit der Soße harmonieren. Grillsoßen kann man in vielen verschiedenen Geschmacksrichtungen fertig kaufen. Manche sind speziell auf Fisch abgestimmt. Am wenigsten macht man falsch, wenn man Buttermischungen zum fertigen Fisch serviert. Denn die meisten Leute mögen so etwas. Und der Geschmack ist meist dezenter als bei einer typischen Grill-, Barbecue- oder Schaschliksoße. Buttermischungen kann man sehr schnell selbst herstellen. Man lässt die Butter weich werden und rührt Geschmackszutaten hinein.

**Vier Vorschläge:**
-Butter, Salz, Pfeffer und Zitronensaft.
-Butter, grüner Pfeffer und etwas Koriander.
-Butter, Parmesankäse und Edelsüßpaprika.
-Butter, Senf und ein Schuss Gin.

Geschickte Griller füllen die Bauchhöhle des Fisches. Zum Beispiel mit Speckwürfeln und Kräutern oder mit Käse, Senfpaste mit Semmelbröseln oder mit Zwiebeln. Dieses Innenleben setzt aber fast profihafte Grillkünste voraus, denn die Füllung fällt leicht heraus. Deshalb wickelt man den gefüllten Fisch am besten in Alufolie oder Speckscheiben ein.

**Fische und Fischspieße werden vor dem Grillen mit einem Schuß Öl beträufelt.**

Fotos (5): O. V.

**Bei besonders zarten Grillfischen sollte man gefettete Alufolie auf den Grillrost legen.**

## Gewürze - weniger ist mehr!

Bei einer großen Auswahl an Kräutern und Gewürzen kann jeder Grillfisch immer wieder anders schmecken. Versuch macht klug: Basilikum erst nach dem Grillen blättchenweise überstreuen. Es passt geschmacklich besonders gut dazu, wenn Tomaten mit im Spiel sind. Auch Borretsch soll nicht mitgegrillt werden.
Cayennepfeffer und Chilipulver geben eine milde oder höllische Schärfe - auf die Dosis kommt es an!
Curry passt gut zu Fisch - aber nicht zusammen mit Kräutern. Wenn Curry in die Soße gerührt werden soll, können als Basis Fruchtpürees oder auch Joghurt dienen.
Dill ist die Lieblingsbegleitung von Fisch. Das Kraut passt in die Marinade und kann auch hinterher übergestreut werden.
Estragon kann man der Marinade zufügen. Es verträgt sich gut mit anderen Kräutern.
Fenchel erhält man als Samen. Tipp: In die Glut streuen, das ergibt ein tolles Aroma.
Ingwer gehört in exotische Marinaden und Soßen, zum Beispiel mit Curry, Mango- oder Sojasoße.
Kerbel tut dem Geschmack der Marinade gut. Höchstens mit Petersilie kombinieren.
Knoblauch fügt man der Marinade am besten püriert zu. Hinterher kann er auch in kleinen Würfeln übergestreut werden.
Lorbeerblätter sind eine klassische Zutat für Marinaden. Man kann sie sogar mitgrillen.
Oregano immer sparsam verwenden, sonst schmeckt es bitter! Das kann auch bei Paprikapuder passieren. Auf keinen Fall beim Grillen überstäuben, weil es durch die Hitze seinen Geschmack verändern kann.
Petersilie eignet sich in jeder Form als Begleitung für gegrillten Fisch: Frisch oder getrocknet in Marinade und Soße und als Dekoration beim Servieren.
Rosmarin in die Marinade und in

Und noch etwas: Es ist sinnvoll, Sand dabeizuhaben, wenn man draußen in der Natur grillt. Nur damit kann man die Glut hinterher hundertprozentig löschen und das Feuer ersticken.

Vor allem die Bauchhöhle muss gründlich gesalzen werden.

### Glut erzeugen

So betreibt man den Grill: Die Holzkohle wird pyramidenförmig auf dem Boden des Grills aufgehäuft. Wahre Kenner kleiden den Untergrund vorher noch mit Aluminiumfolie aus, weil sie die Hitze reflektiert. Dann kann man, zum besseren Anbrennen, noch trockene Äste darüber legen. Das Brennmaterial wie beschrieben mit Hilfe von Trocken- oder Brennspiritus anzünden und abwarten. Eventuell mit einem Blasebalg oder einer zusammengefalteten Zeitung das Durchglühen beschleunigen.

So einfach wird ein Fisch zum Grillen auf einen Stock gespießt!

Wenn die Kohle glüht, zieht man sie mit einem Metallrechen oder ähnlichem so breit auseinander, dass sie ganz eben ist. Dabei darauf achten, dass die einzelnen Kohlen dicht beieinander liegen, damit sich die Hitze gleichmäßig verteilen kann. Von den Seiten her wird nun neues Heizmaterial nachgelegt, falls man viele Leute zu bewirten hat. Bereits jetzt kann auch der Rost zum Aufheizen über die Glut gepackt werden.

Wichtig, wenn man den Rost mit Öl einpinseln möchte: Das muss vor dem Auflegen, also im kalten Zustand, erfolgen! Sonst verbrennen die Haare am Ölpinsel.

Jetzt dauert es noch knappe zehn Minuten, bis die richtige Grilltemperatur erreicht ist. Auf der Kohle bildet sich allmählich eine weißliche Schicht Asche. Wenn die gesamte Oberfläche der Kohle damit überzogen ist, kann man das Grillgut auf den Rost legen.

### Fisch richtig vorbereiten

Der frische Fisch muss natürlich vor dem Grillen erstmal ausgenommen und, falls erforderlich, geschuppt werden. Wie in der Küche zu Hause geht man auch bei der Vorbereitung zum Fischgrillen draußen nach dem sogenannten 3-S-System vor: säubern, säuern, salzen.

Das bedeutet: Zunächst gründlich waschen. In der Küche würde man den Fisch nun mit Zitronensaft (auch Essig oder Wein) säuern und dann mit Salz bestreuen. Das kann man zum Grillen genauso handhaben. Allerdings darf man das zusätzliche Einpinseln mit Öl nicht vergessen. Denn man gart den Fisch ja nicht wie gewohnt im Fett.

### Marinaden für den nötigen Pep

Es gibt aber noch eine Möglichkeit, den Fischgeschmack zu heben und das Fleisch fester werden zu lassen: Man legt den Fisch für ein, zwei Stunden in eine Marinade, auch Beize (wie bei Wildfleisch) genannt. Das ist eine säuerlich-ölige Mischung mit Kräutern und Gewürzen, die den Fisch vorab aromatisiert und ihn aufs Grillen vorbereitet.

Wichtig: In eine Marinade gehört kein Salz! Das würde dem Fischfleisch die Flüssigkeit entziehen, so dass es austrocknet.

Bei Zeitmangel kann man den Fisch auch während des Grillens mit der Marinade bestreichen und dann zusätzlich mit Salz. Die Marinade sollten Sie sparsam dosieren, damit das Fett nicht in die Glut tropft. Denn die Stoffe, die sich darin bei verbrennenden Fett entwickeln, gelten als gesundheitsschädigend.

Manch einer bestreicht seinen Grillfisch lediglich mit einfachem Speiseöl; andere nehmen fertig gekauftes und bereits gewürztes Grillöl. Eine Mischung aus Ketchup und Senf mit Essig mögen wiederum anderer Leute.

Marinaden können zum Beispiel aus diesen Zutaten gerührt werden:

-Zitronensaft, Öl, Paprika- und Chilipulver.

-Essig, Öl, Salbei und Pfeffer.

In der Grillglut werden auch einfache Kartoffeln zum Schlemmermahl.

➢

die Grillglut wegen des Aromas. Salbei sparsam dosieren, sonst schmeckt es bitterlich nach Medizin.
Schnittlauch passt überall dahin, wo man auch Zwiebeln verwendet. Also sowohl in die Marinade als auch in die Soße.
Thymian sparsam verwenden und nicht mitgrillen. Eventuell in die Glut geben. Ein ausgezeichnetes Raucharoma erzeugt man auch, wenn man Wacholderbeeren in die Glut streut.

Foto: R. Wiese

In Alufolie eingeschlagen garen die Leckerbissen im eigenen Saft. Gewürze, Kräuter und ein paar Butterflöckchen oder Olivenöl werden vorher über dem Fisch verteilt.

## Damit der Fisch in Form bleibt

Es ist gar nicht so einfach, Fisch zu grillen, weil er so leicht zerfällt. Selbst Fischkoteletts mit Haut und Gräten zerbrechen schnell, wenn man nicht vorsichtig ist.
Schon beim einfachen „Steckerlfisch" kann sich das Problem stellen, wenn der Fisch zu lang über der Glut bewegt worden ist. Gerade das Wenden macht die meisten Schwierigkeiten. Das kennt man ja auch vom Fischbraten in der Pfanne. Beim Grillen bleibt die Haut dann am Rost hängen und der Fisch zerlegt sich in seine Einzelteile. Eine stabile Zange oder zwei Heber mit langen Stielen helfen zwar, Schlimmes verhindern können sie jedoch nicht.
Es gibt praktische Hilfsmittel, die das Grillergebnis verbessern können:
In den klappbaren Fischkorb (auch Fischgriller genannt) passt mindestens ein ganzer Portionsfisch. Die Vorrichtung besteht aus doppelseitigem Drahtgeflecht in Fischform. Der Fisch wird darin festgehalten und kann auf diese Weise beim Wenden nicht kaputtgehen. Man fettet den Korb vor der Benutzung gut ein.
Die Aluminium-Grillpfanne besteht aus stabiler Alufolie. Es gibt die Schale in verschiedenen Größen und Ausführungen. Das Problem beim Wenden löst sie jedoch nicht.
In Aluminiumfolie wickelt man ganze Fische oder deren Koteletts fest ein. Auch sie wird vorher eingefettet, damit nichts haften bleibt. Das Paket kann bequem mit der Zange gewendet werden.
Man kann den Fisch zum Grillen auch in dünne Speckscheiben einhüllen. Der Speck muss mit Spießchen am Fischfleisch befestigt werden. Da sich der Speck jedoch während des Grillvorgangs kräuselt, bleiben nicht alle Partien des Fisches geschützt: Man muss hierbei später mit Öl nachfetten.

## Auf den Punkt

Vom Auflegen auf den Grill bis zum Servieren dauert es insgesamt, also von beiden Seiten gerechnet, mindestens acht bis zehn Minuten (für Fischkoteletts, etwa drei Zentimeter dick) bis etwa 30 Minuten (für eine große Forelle oder Makrele in Alufolie).
Wer Glück gehabt hat und selbst gefangene Heringe mitbringen konnte: In zehn Minuten sind sie gar. Die Grillzeit verkürzt sich um ein paar Minuten, wenn man bei ganzen Fischen die Haut auf beiden Seiten der Mittelgräte schräg einschneidet.
Bei starker Hitze beginnen wir mit dem Grillen:
Der Rost mit dem Grillgut muss zunächst dicht über der Glut angebracht werden. Beide Seiten kräftig (aber noch nicht dunkelbraun!) anbrutzeln lassen. Danach stellt man den Rost höher und grillt bei niedrigeren Temperaturen weiter. Dabei immer wenden!
So langsam verfärbt sich die Haut bräunlich und fängt an, sich zu kräuseln. Um sicherzugehen, dass der Fisch durch und durch gar ist, macht man eine Probe:
Entweder man zupft vorsichtig an der Bauchflosse. Gibt sie nach, kann der Fisch gegessen werden.

Foto: C. Johansson

Die zarten Filets von Lachsen und Meerforellen werden schonend über der Glut in Alufolie gegart.

Nur das Brutzeln und Schmurgeln verrät, welch Göttermahl in den Alu-Päckchen aufersteht.

Oder man blickt tief zwischen die Kiemendeckel: Wenn das Fleisch weiß ist (und die Augen auch) nimmt man den Fisch vom Grill.
Ganz sichere Auskunft gibt das Fleisch an der Mittelgräte. Vorsichtig lösen und nachschauen, ob es ganz weiß ist.
Und dann heißt es:
Guten Appetit!

*Rosemarie Löwen-Marnau*

# Der richtige Grill

Es gibt so viele verschiedene Grillgeräte auf dem Markt, dass der Käufer verwirrt ist: Welches Gerät braucht er für seinen ganz speziellen Zweck?

Foto: CWSL

**Tausendfach bewährt: Ein schweres Eisengitter wird über die Glut gelegt – da ist Platz für jede Menge Fisch!**

Foto: O. V.

**Der sogenannte Schwenk-Grill ist ein alter Klassiker. Das runde Gitter lässt sich in verschiedenen Abständen über der Glut aufhängen, und das Grillgut gart auch am Rande perfekt durch.**

Es war ein weiter Weg von den ersten Feuergruben zu einem modernen Luxusgrill. Aber fast alle Zwischenstufen dieser Entwicklung sind auch heute noch (oder besser wieder) gebräuchlich. Für welches Gerät Sie sich entscheiden, ist weniger eine Frage des Geldes als eine Frage dessen, was Sie von Ihrem Grill erwarten. Möchten Sie jederzeit und an jedem Ort grillen, oder suchen Sie ein Gerät für einen festen Platz, möchten Sie improvisieren, oder erwarten Sie ein völlig durchdachtes Gerät, grillen Sie allein, oder haben Sie oft Gäste?
Einfach ist das Grillen mit einem Gerät, das aus einem Eisenstab und einem verstellbaren Grillrost besteht. Für die Feuerung sorgt man selbst. Ob man Holz zu Holzkohle verglühen lässt oder fertig gekaufte Kohle nimmt, ist dem eigenen Geschick und der Zeit überlassen.

## Blech oder Gusseisen?

Am häufigsten werden transportable Grillgeräte verwendet. Die sogenannten Garten- oder Freizeit-Grills waren es, die das Grillen im Freien zum „Volkssport" werden ließen. Sie bestehen aus einer Feuerschale, einem Grillrost und hohen Beinen. Die Kohlenschale fasst Holzkohle, locker geschichtet, und von unten kommt immer genug Luft ans Feuer, so dass die Kohle mehr oder weniger schnell durchbrennt. Am besten stellen Sie den Grill zum zügigen Durchglühen der Kohlen an einen zugigen Platz.
Unerlässlich zum guten Gelingen ist ein in der Höhe verstellbarer Grillrost, mit dem man den jeweils richtigen Abstand von der Glut regeln kann, je nach Stärke der Glut und Dicke des Grillguts. Je dicker der Grillfisch ist, desto weiter von der Glut muss er liegen.
Überlegen Sie vor dem Kauf, welche Grill-Größe und welches Material Sie verwenden möchten. Grillen Sie oft für Gäste, brauchen Sie ein größeres Modell als für sich allein. Die meisten transportablen Grills sind aus emailliertem Eisenblech. Sie sind leicht und recht robust, oft zum Zusammenklappen

und daher besonders gut zum Mitnehmen geeignet. Die schöne bunte Farbe allerdings ist nach dem ersten Grillen dahin.
Schwerer und solider ist ein gusseiserner Grill. Manche Grillfans schwören darauf, dass auf Gusseisen gegrilltes Fleisch aromatischer wird. Wer also seinen Grill fest installiert, kann die Anschaffung eines schweren gusseisernen Grills erwägen.

Foto: O. V.

So geht's schnell und einfach: Mit diesen handelsüblichen Fischgrillern kann man das Grillgut schön auf der Glut wenden. Nachteil: Die Haut hängt fast immer an – auch wenn man die Griller einölt.

## Praktische Grillformen

Die einfache runde Grundform der Gartengrills wurde häufig variiert. Es gibt kugelförmige und muschelförmige Klappgrills, die zusammengeklappt mit der erkalteten Kohle nach Hause transportiert werden können. Die rechteckigen Grills haben sich ebenfalls durchgesetzt, denn sie haben einen wichtigen Vorteil: Sie erreichen Größen, in denen man auch mehrere Fische im Ganzen grillen kann. Manche Koffergrills haben noch einen weiteren Vorteil: Sie lassen sich mit wenigen Handgriffen so verstellen, dass die Glut das Grillgut mit seitlicher Hitze gart. Dadurch kann kein Fett mehr auf die Glut tropfen und verbrennen - eine besonders gesunde Grillmethode!
Wer ganz besonders großen Wert darauf legt, dass sein Gegrilltes nicht verkohlt und nicht austrocknet, wer eher praktisch als romantisch denkt und doch im Freien grillen will oder muss (zum Beispiel auf dem Campingplatz), der wird sich vielleicht lieber für einen transportablen Gasgrill oder elektrischen Infrarotgrill entscheiden. Der macht ihn unabhängig von nicht wehenden Wind, schmutzenden Grillkohlen und nicht zündendem Anzünder und bietet doch den Reiz des Grillens im Freien. Auf das geliebte Holzkohle-Aroma muss man bei dieser Variante allerdings verzichten.

## Vorsicht beim Umgang mit dem Holzkohlegrill

Auch der beste Grill schützt nicht vor Unfällen durch Unvorsichtigkeit. Sorgen sie dafür, dass Ihr Grillfest nicht durch gefährliche Zwischenfälle verdorben wird. Darum: Brennbare Flüssigkeiten zum Anzünden der Kohle (Spiritus) niemals direkt aus der Flasche ins Feuer gießen! Immer erst in einen Becher, dann ins Feuer. Kinder unbedingt vom Feuer fernhalten. Beim Grillen keine Kleidung aus synthetischen Stoffen tragen. Sie fängt leicht Feuer, und das gibt gefährliche Verbrennungen. Niemals in geschlossenen Räumen grillen. Hier besteht nämlich die Gefahr einer Kohlenmonoxydvergiftung!

*Bernd Kuleisa*

Foto: R. Wiese

Einfach, praktisch, gut: So ein selbstgebauter Grillrost kann ohne Probleme mit ans Wasser genommen werden.

Foto: W. Hauer

Beim berühmten Steckerlfisch kommt die Grillhitze meist von der Seite. So kann kein Fett ins Feuer tropfen und verbrennen. ❍

Trockene Äste werden auf einer befestigten Feuerstelle aufgerichtet, mit etwas Spiritus-Gel (gibt's in Drogeriemärkten) begossen und angezündet.

So ist die Glut genau richtig zum Grillen: weiß, heiß und ohne züngelnde Flammen!

Fotos: JSTR

Der feste Handgrill der Firma Westmark besteht aus einem Korb und einem Abdeckgitter, das in verschieden großen Abständen befestigt werden kann.

Großes Foto: Die Karpfenstücke in dem Grillkorb sind richtig lecker und knusprig braun geworden.

# Quadratisch, praktisch, gut

Handgrills oder auch Grillkörbe genannt, gibt es einige auf dem Markt. Sie haben den Vorteil, dass man sie im Rucksack verstauen kann und jederzeit „grillbereit" ist.

Wir Angler haben Glück! Weil wir nämlich den frischesten Fisch der Welt verwerten können. Und die meisten Fische schmecken eben direkt nach dem Fang am besten. Vor allem weiß man, was man hat: Einen Fisch nämlich, der sorgfältig versorgt wurde und den wir gründlich haben ausbluten lassen - anders als der großkommerzielle Fang aus dem Fischhandel! Für die Zubereitung unserer Fische, noch am Fangtag und direkt am Wasser, sind kleine, handliche Grillkörbe erste Wahl.

Wir entzünden an einer befestigten Feuerstelle ein Feuer aus aufgesammelten Ästen, lassen es bis zur Glut herunterbrennen und ziehen den Grillkorb aus dem Rucksack. Der Fisch wird gewürzt, in den Korb geklemmt und einfach über der Glut auf zwei Steinen oder dicken Ästen abgelegt. Mühelos können wir den Grillkorb wenden, so oft es nötig ist. Und zwar ohne ➢

Zum Verschließen werden einfach die Verschlussdrähte zusammengedrückt und in der gewünschten Position am Grillkorb arretiert.

Der zweite Handgrill ist ein flexibler Grillkorb zum Zusammenklappen. Auch er lässt sich kinderleicht verschließen.

Der Griff wird einfach am Korb aufgesteckt und mit einer Klammer fixiert.

**Dr. Wondrak würzt die frischen Forellen und Karpfenstücke. Die Würze sollte etwa 20 Minuten lang einziehen. Auf Salz sollte man in keinem Fall verzichten!**

dass uns der Fisch verrutscht, zerbröckelt oder in die Glut fällt!
Nach dem Essen wird der Handgrill einfach im Gewässer abgewaschen, getrocknet und für den nächsten Einsatz im Rucksack verstaut. Das ist irgendwie auch ein Stück Freiheit!
Zusammen mit Dr. Wondrak, Fischereiberater im Bezirk Unterfranken, haben wir zwei besonders hochwertige Grillkörbe getestet, die von dem Hersteller „Westmark" an den Küchen-Fachhandel geliefert werden.
Alle Esser waren vom Ergebnis gleichermaßen angetan - vor allem aber von der Einfachheit der Zubereitung!

*Jörg Strehlow*

Die Forellen kommen auf den flexiblen Handgrill.

Gefüllt mit vier Portionsfischen lässt sich der Grill ohne Mühe verschließen.

Leckerer Duft umhüllt uns schon nach wenigen Minuten. Man sollte den Grillprozess immer überwachen, damit die Fische über ungleichmäßiger Glut nicht anbrennen.

Das Wenden des Grillgutes ist mit den pfiffigen Handgrills so leicht wie nie zuvor! Und die Fische bleiben schön in Form.

Guten Appetit – und ein „Hoch!" auf selbst gefangenen und gegrillten Fisch!

# Rauch erwünscht!

Sie können sich nicht entscheiden: räuchern oder doch lieber grillen? Dann machen Sie doch einfach beides zur selben Zeit!

Der Sommer ist hierzulande kurz. Und nur an wenigen Abenden kommen die beiden Faktoren für einen geselligen Abend im Freien zusammen: Gutes Wetter und viel Zeit! Wenn dann wirklich mal alles passt, fragt man sich, ob denn nun Räucheraal oder doch lieber gegrillte Forellen angesagt sind. Eine ganz neue Technik, um aus Fisch und Fleisch im Freien einen leckeren Happen zu bereiten, hat sich Räucherfuchs Bernhard Feldmann ausgedacht: Er hat für jeden herkömmlichen Wannengrill aus dem Supermarkt (Kostenpunkt: 5 bis 15 Euro!) spezielle Kohle- und Räucherholz-Mischungen entwickelt, die dem Grillgut einen zarten und würzigen Rauchgeschmack verleihen. Wir haben's getestet und waren vom Ergebnis überzeugt! Das „Rauch-Grillen" mit der Spezialkohle oder gewöhnlicher Kohle und „Gewürz-Räucherholz" ist eine ganz einfache Geschichte und unterscheidet sich nicht vom herkömmlichen Grillen. Der einzige Unterschied: Bei dieser Methode ist im Gegensatz zum Grillen der Rauch erwünscht!

*Jörg Streblow*

Die Kohlen im Grill sind bis zur Weißglut herunter gebrannt und entwickeln starke Hitze. Jetzt legt Bernhard Feldmann seine Nuggets aus Gewürz-Räucherholz auf die Glut.

Langsam beginnen die Nuggets zu schwelen und entwickeln über einen langen Zeitraum würzigen Rauch.

Forellen lassen sich prächtig über dem „Räuchergrill" zubereiten. Jeder handelsübliche Grill, am besten mit Deckel, ist dafür geeignet. Die Grillzeit beträgt etwa 20 Minuten und ist damit genau so lang wie beim herkömmlichen Grillen.

Fotos: JSTR

Hähnchenteile und Fische werden vor ihrem Einsatz auf dem Grill gesalzen und nach Belieben gewürzt.

Nackensteaks werden besonders lecker, wenn man sie vor dem Grillen mit einer Mischung aus einem Teil Ketchup und einem Teil Senf bestreicht.

Na, sieht das nicht verlockend aus? Eine schöne, goldgelbe Farbe haben die Leckerbissen vom Räuchergrill angenommen.

Anstelle herkömmlicher Kohle und dem Gewürz-Räucherholz können Sie den Grill auch mit Feldmanns Räucherholz-Gewürzkohle (im Vordergrund) anwerfen.

Auch Hähnchenschenkel und Steaks bekommen über dem Rauch ein ganz besonders würziges Aroma.

# Aal mal anders

Aale schmecken immer – ganz egal wie man sie zubereitet. Aber ein Aalgericht vom Grill möchten wir Ihnen ganz besonders ans Herz legen: marinierten Aal mit Salbei!

Die Zutaten für „Aal satt" für 4 Personen: 1500 Gramm Aal, gehäutet, ausgenommen und in fingerlange Stücke geschnitten; 15 frische Salbeiblätter, Saft einer reifen Zitrone, nach Belieben Salz und bunten Pfeffer sowie 100 Milliliter Olivenöl.

Die Salbeiblätter mit Salz und buntem Pfeffer in einen Mörser geben.

Einen Teil des Zitronensaftes in den Mörser gießen.

Mit dem Mörser zu einem feinen Brei zerstampfen.

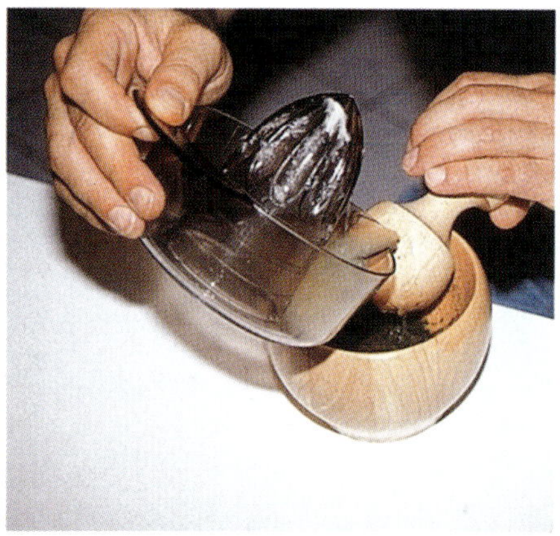

Den restlichen Zitronensaft aufgießen und gründlich verrühren.

Fotos: JSTR

Etwa 100 Milliliter Olivenöl aufgießen und alles gut verrühren.

Die Marinade über den Aal geben und mit beiden Händen kräftig mischen. Anschließend zwei Stunden an einem kühlen Ort ziehen lassen.

Wenn die Kohlen schön durchgeglüht sind, legen Sie die marinierten Aalstücke auf einen beschichteten Grillrost.

Der Duft vom Grill lässt die hungrigen Gäste schon bald schwach werden - ein kleiner Zwischen-Imbiss verkürzt die Wartezeit!

Der „restliche" Aal wird für die Allgemeinheit auf einer Platte angerichtet.

Und los geht's – guten Appetit! Dazu schmecken ein kühles Bier und eisgekühlter Jubi.

# Draußen schmeckt's am

Foto: O. Portrat

Foto: W. Hauer

Ein Abend am Lagerfeuer. Und auf dem Grill gart ein prächtiger Zander – Anglerherz, was willst Du mehr?

Sorgfältiges Säubern des Fisches erhöht den Genuss.

Außer Salz und Pfeffer als Würze können Sie auch noch Zitronensaft auf den Fisch geben.

Foto: O. V.

Nichts gegen das Grillen, nichts gegen das Räuchern. Doch mitunter sollten wir es so machen wie unsere Urväter, oder wie die Eskimos oder Waldläufer: Den Fisch aufspießen und über das offene Lagerfeuer halten. Vor allem dann, wenn Grillgerät oder Räucherofen für eine größere Anzahl Fische (und eine entsprechende Zahl hungriger Mägen) zu klein ist. Gerade bei Fischerfesten und nach dem Gemeinschaftsangeln verspricht das Herrichten der „Steckerlfische" am Lagerfeuer ein besonderes Erlebnis zu werden. An kühlen Abenden wird das Feuer zudem als Wärmequelle für die im Angelrevier steif gefrorenen Glieder hochwillkommen sein.

## Ganz und mit Schuppen

Der gefangene Fisch wird ausgenommen und sollte trocken sein. Dass man den Fisch nicht köpft, versteht sich unter Anglern von selbst. Er wird in ganzer Größe zubereitet. Zudem: Wer mag nicht die wohlschmeckenden feinen Bäckchen? Das Schuppen kann bei Zeitmangel unterbleiben. Magere Fischarten spickt man mit schmalen Speckstreifen, das Fleisch wird dann saftiger.

Die wenigste Arbeit macht der beliebteste heimische Fisch, die Forelle. Hier bedarf es keiner großen Küchenkenntnisse. Die Kräutersammlung kann ruhig im Schrank bleiben, es genügt Salz. Vor allem, und das gilt für alle Würzmischungen, ist darauf zu achten, dass die gereinigte Bauchhöhle nicht vergessen wird. Kochbücher und Grillbroschüren nennen eine ganze Reihe von hervorragenden Rezepten. Darauf kann hier verzichtet werden.

Grob nur eine Grundempfehlung: Öl, Pfeffer und Salz mischen, etwas Ketchup, dann einmal „quer durchs Kräuterbeet" (wenigstens Thymian, Dill oder Majoran). Das Ganze gründlich verrühren, bei Bedarf etwas eindicken (zum Beispiel mit

Foto: CWSL

Remoulade) und mit einem breiten Pinsel auftragen. Kenner schwören auch auf fein geriebene Zwiebeln, die mit eingemengt werden. Auch eine verriebene Knoblauchzehe wird häufig verwendet. Und erst im Nachhinein verraten!

## Zünftig mit der Heugabel

Die vorbereiteten Fische werden auf lange Stöcke gespießt. Wichtig:

# besten

Einfach mal raus und natürlich leben! Nach diesem Motto handeln, zumindest im Urlaub oder am Wochenende, viele Angler.

Keine weichen Hölzer (Weide!) nehmen, sonst hängt der Fisch durch und lässt sich schlecht „dirigieren". Je größer das Feuer, desto länger die Stöcke, versteht sich. Die Rinde muss entfernt werden, damit vermeidet man möglichen Beigeschmack. Um den aufgespießten Fisch nicht ständig mit beiden Händen halten zu müssen, schneidet man sich noch eine Holzgabel als Auflage, die zwischen Feuer und „Koch" in die Erde gerammt wird. Der Stock kann auch auf zwei Gabeln fixiert werden. Bitte beachten: Der Fisch muss beobachtet und immer wieder gewendet werden. Da sich ein Feuer in der Regel ständig verändert, Flammen schlagen hoch, schließlich brennt es herunter, gehört schon etwas Vorsicht dazu. Ganz zünftig wird es bei größeren Runden um das Lagerfeuer, wenn anstelle geschnittener Spieße der Einfachheit halber (gründlich gereinigte!) Heu- und Mistgabeln verwendet werden. Die notwendige Gare ermittelt man genauso wie beim Grillen: Es wird nachgeschaut und mit einer Essgabel „gepiekst".

*Rudolf Schmidt*

**Was für ein gelungener Angeltag, wenn die frische Beute, schmackhaft gewürzt, über dem Feuer brutzelt!**

# Wenn der kleine Hunger kommt...

...hat es der erfolgreiche Angler gut! Im Handumdrehen macht er aus seinem eben noch zappelnden Fang einen köstlichen Imbiss.

Fotos: R. Schmidtv

Der Fisch wird am Rande des Feuers langsam gegart.

Ich kann mich noch sehr gut meines ersten Barsches erinnern, den ich aß. Ich fing damals Barsche am Ostende des Weissensees im Übermaß, alle zwischen 250 und 350 Gramm schwer. Schließlich verlangte mein Magen ganz dringend nach einer Füllung, aber der Weg zum Auto mit den belegten Broten war so weit, dass der Angel-Nachmittag nach dem Marsch vorbei gewesen wäre. Also entfachte ich ein kleines Feuerchen. Einen Barsch hatte ich ausgenommen und wie eine Wurst auf einen Stock gesteckt. Salz hatte ich natürlich nicht dabei. Ich wartete einfach so lange, bis die Haut verkohlt war, sie ließ sich dann leicht mit dem Messer abpellen. Innen weißes, kerniges Fleisch, das vorzüglich schmeckte und die Folge hatte, dass ich an diesem Tag noch weitere Barsche im Magen nach Hause trug.

Die Zubereitung ist einfach: Ich verzichtete aufs Häuten und Filetieren, da ich die gebratene Haut gern mitesse und die kleinen Fische beim Filetieren zu viel Substanz verlieren würden. Möglichst frisch werden die Barsche geschuppt und ausgenommen. Der Kopf kommt ab, die Flossen bleiben dran, denn so lassen sich später auch deren Ansätze entfernen.

## Döbel am Lagerfeuer

Normalerweise zählt der Döbel nicht gerade zu jenen Fischen, die Feinschmecker mit der Zunge schnalzen lassen. Im Gegenteil, nur wenige der gefangenen scheuen Dickköpfe werden für den menschlichen Verzehr zubereitet. Wir haben ihn dennoch am Lagerfeuer auf einen Stock gespießt und gebraten -und er hat zu meinem Erstaunen ganz ausgezeichnet geschmeckt. Wenngleich man sich natürlich wegen der Gräten nicht heißhungrig über ihn hermachen sollte. Die Zubereitung ist kinderleicht: Entschuppen, ausnehmen, salzen und pfeffern. Besonders in der Bauchhöhle sollte man mit Salz und Pfeffer nicht sparen. Die gesamte Zubereitung dauert etwa 20 Minuten, wobei der Fisch über der duftenden Holzkohle noch einen zarten Rauchgeschmack annimmt und einfach köstlich schmeckt - auf jeden Fall viel besser als sein Ruf!

*Rudolf Schmidt*

Maiskolben oder Kartoffeln ergeben, ganz nebenbei in die Glut gelegt, eine passende Beilage.

Genüsslich dreht Rudolf Schmidt den Stock über dem Feuer. Heute gibt es einen leckeren Döbel zum Mittagessen.